U0134787

人文工程 E008

觸摸歷史與進入五四

一場遊行　一份雜誌　一本詩集

陳平原　著

二魚文化
【臺灣 臺北】

目　次

自序

陳平原

　　「五四」新文化運動，對我來說，既是歷史，也是現實；既是學術，也是精神；既是潛心思索的對象，也是自我反省的鏡子。問學二十幾年，經歷諸多曲折，「五四」始終是我的「最佳對話者」——其具體思路及舉措，不無可議處；但作為整體的生氣淋漓與豐富多彩，至今仍讓我歆羨追慕不已。

　　十年前，我曾寫過一則短文，題為〈走出「五四」〉，大意是說，五四所建立的學術範式（如西化的思想背景，專才的教育體制，泛政治的學術追求，以「進化」、「疑古」、「平民」為代表的研究思路等），雖曾發揮很大作用，也產生若干流弊；可即便如此，我還是不敢「遺忘五四」，理由是：

> 　　「五四」那代人迫於時勢，採取激進的反傳統姿態，現在看來流弊不小。今日反省「五四」新文化（包括學術範式），我想，不該再採取同樣的策略—儘管那樣做更有「轟動效應」，也更能引起傳媒的關注。除了學理以外，我只提「走出」，而不敢輕言「決裂」、「超越」或「揚棄」，固然包含我對「五四」那代人的尊重與理解，更重要的是，意識到「路漫漫其修遠兮」，實在沒有口出狂言的勇氣。這一點，與我選擇學術史研究作為「走出『五四』」的橋樑，大有關係。

　　基於「希望超越『五四』者，必須先理解『五四』」這一預設，我舊事重提，開始以平常心直面那早已被神話化了的「五四」。

　　為了「走出」而「走進」，在世紀之交，我花了五年時間，選擇若干專題，與「五四」展開學術以及心靈上的對話。集合在本書的，

便是其中比較有代表性的成果。你或許說，這回的研究，有接受美學、新歷史主義、傅柯的知識考古學，以及麥克盧漢的媒介研究等的印記，在我，則只是一如既往，以研究對象為中心，拒絕為任何精彩的理論做證。

在我看來，1919年5月4日發生在北京的學生大遊行，刊行於1915至1922年的《新青年》雜誌前九卷，以及1920年初版、1922年增訂四版的第一本白話詩集《嘗試集》，分別代表了「政治的五四」、「思想的五四」以及「文學的五四」。而這正是解讀五四新文化運動的三個最重要的角度。選擇對於「五四敘事」來說至關重要的三個案，強調「回到現場」，暫時擱置「偉大意義」、「精神實質」之類的論爭，目的是突破凝定的闡釋框架，呈現紛紜複雜的「五四」場景，豐富甚至修正史家的某些想像。

以下三段話，雖卑之無甚高論，卻大致代表了我的工作策略。脫離了具體語境，任何論述都可能是偏頗的；這裡只是作為「內容提要」，以便讀者對本書的基本框架「一目了然」：

> 談論「五四」遊行對於中國社會的巨大衝擊，歷來關注的是學生、市民、工人等群體的反應，而我更看重個體的感覺。眾多當事人及旁觀者的回憶錄，為我們進入歷史深處—「回到現場」，提供了絕好的線索。幾十年後的追憶，難保不因時光流逝而「遺忘」，更無法迴避意識形態的「污染」。將其與當年的新聞報導以及檔案資料相對照，往往能有出乎意料之外的好收穫。

> 談論《新青年》之歷史功績，從文學史、還是從思想史、政治史角度立論，會有相當明顯的差異。本文綜合考慮《新青年》

同人的自我定位、後世史家的持續研究，以及我對「五四神話」的獨特理解，希望兼及思想史與文學史—首先將《新青年》還原為「一代名刊」，在此基礎上，發掘其「思想史視野中的文學」所可能潛藏的歷史價值及現實意義。

《嘗試集》之所以成為現代中國文學史上聲名顯赫的「經典之作」，主要不係於胡適本人的才情，很大程度是「革新與守舊」、「文言與白話」、「詩歌與社會」等衝突與對話的產物。在史家眼中，與文學生產同樣重要的，是文學接受的歷史。而制約著公眾趣味與作品前程的，包括若干強有力者的獨立判斷與積極引導（比如周氏兄弟之應邀刪詩），以及作為知識傳播的大學體制（比如「中國新文學」課程的開設）。至於因意識形態紛爭而導致某部作品「突然死亡」或「迅速解凍」，使得二十世紀中國的文學接受史顯得撲朔迷離，因而也更具戲劇性，更值得追蹤與玩味。除此之外，還有一點同樣值得我們深思：在經典形成的過程中，作者並非毫無可為。像胡適那樣借助於自我完善（不斷修訂自家作品）、自我闡釋（撰寫《嘗試集》三序）以及自我定位（關於「胡適之體」的論述），有效地影響讀者的閱讀與史家的評價，這在文學史上既非前無古人，也不是後無來者。因此，在討論文學生產、文學接受以及文本闡釋時，我們會驚訝地發現，已被「殺死」了好多次的「作者」依舊頑強地活著，並迫使史家無法完全漠視其存在。

《新青年》同人「自我建構」的能力很強，其「五四敘事」異彩紛呈，令人歎為觀止。對於此等由當事人提供的「證詞」，不可不信，也不可全信。小心翼翼地爬梳資料，細心體會文本的表裡與內

外，調動自家的生活體驗與想像力，復原那些早已消逝的歷史情景，這一過程，不僅僅是學術勞作，更包含某種藝術享受。

正因如此，本書的寫作，既很辛苦，也很愉快。其感覺，一如晉人王獻之說的，「從山陰道上行，山川自相映發，使人應接不暇」（《世說新語·言語篇》）。當然，這指的是研究者的精神狀態，而不是白紙黑字的著述。寫作的人都明白，了然於心者，未見得就能了然於手與口。本書之是否「有趣」，仍有待讀者的檢驗。

2003年1月10日於台大長興街客舍

一場遊行

五四運動的另類敘述

5月4日天安門前的集會

一、關於「五四運動」

在二十世紀中國，「五四運動」是個使用頻率極高的專有名詞，老百姓耳熟能詳，學界更是瞭若指掌。作為一門新崛起的顯學（相對於四書五經或唐詩宋詞），關於「五四」的研究著作，確實稱得上「車載斗量」。八十年來，當事人、反對者、先驅、後學，無不激揚文字，留下各自心目中的「五四」。仔細梳理這些色彩斑斕而又互相抵牾的圖景，那是專家學者的工作；至於一般讀者，只需要對這場影響極為深遠、不斷被後人掛在嘴邊的群眾運動，有個大致的瞭解。

於是，我選擇了權威的《簡明不列顛百科全書》，希望能得到一個簡明扼要的答案。因為，與「成一家之言」的專家著述不同，辭書講究準確、簡要、平實。誰都知道，若想儘快進入某一特定語境，沒有比借助辭書更合適的了。可不看不知道，一看嚇一跳。紛紜複雜的「五四」，固然並非三言兩語就能打發；可「百科全書」出現如此多的錯漏，畢竟出人意料。看來，「耳熟能詳」、「瞭若指掌」云云，需要打點折扣。

以下抄錄《簡明不列顛百科全書》中「五四運動」這一詞條，然後略做補充、辨析。文中*號為筆者所加，目的是提供對照閱讀的線索。

五四運動（May Fourth Movement）1919年5月4日中國發生的一次群眾運動，其宗旨在反對帝國主義和北洋軍閥政府。一般認為，這次運動是現代中國的一場文化和思想上的啟蒙運動*。1919年1月，各協約國談判對德和約，消息傳到中國，中國人得悉和會決定將原德國在中國山東省的特權轉交給日本，同時日本政府對以軍閥袁世凱為首的北京政府發出最後通牒，提

出二十一條要求，企圖獨自支配全中國*。當北洋政府即將簽訂和約並答應二十一條要求的消息傳開時，北京13所大專院校的3000餘名學生舉行罷課*，提出「外爭國權，內懲國賊」、「取消二十一條」、「拒絕和約簽字」等口號，同時舉行遊行示威。政府軍警對運動實行鎮壓，逮捕學生32人，這立即引起北京各校學生舉行總罷課，隨後全國各地學生紛紛走上街頭，舉行示威遊行，召開宣傳大會，並實行抵制日貨。6月3至4日，北洋政府進行了大規模逮捕，僅北京一地，即有千名學生被捕。運動聲勢波及各大城市，上海、南京、天津及其他各地的工人舉行罷工，上海各家商店舉行罷市，以聲援學生和工人，全國文化界也表達了對這次群眾性鬥爭的同情，鬥爭隨即發展成為全國性的革命運動。北洋政府最後被迫釋放全部被捕學生，將三名親日的內閣總長撤職*，並答應將不簽訂和約及二十一條要求*。

五四運動前夕，一些激進的知識份子如李大釗、陳獨秀、毛澤東開始創辦刊物、發表文章，提倡民主和科學，批判中國傳統文化，傳播馬克思主義思想，推動新文化*。溫和派知識份子以胡適為代表，反對馬克思主義，卻強烈支持文學改革，主張用白話文代替古文；提倡婚姻自由，反對父母包辦；主張取締娼妓；並以實用主義代替儒家學說*。五四運動既加速了國民黨的改組，也為共產黨的建立提供了理論上和組織上的基礎。

——錄自《簡明不列顛百科全書》（北京・上海：中國大百科全書出版社，1986）

關於「五四運動」，不同政治立場及思想傾向的論者，會有相去甚遠的解釋。注重思想啟蒙的，會突出《新青年》的創辦、北京大學的改革以及新文化運動的勃興對「五四事件」的決定性影響，因此，

論述的時間跨度，大約是1917至1921年；表彰愛國主義的，則強調學生及市民之反對北洋軍閥統治，抵制列強霸權，盡量淡化甚至割裂5月4日的政治抗議與此前的新文化運動的聯繫。但不論哪一種，都不會只講「文化和思想」，而不涉及「政治和社會」。承認5月4日天安門前的集會遊行具有標誌性意義，那麼，所論當不只是「思想啟蒙」，更應該包括「政治革命」。

「二十一條」乃日本帝國主義妄圖滅亡中國的秘密條款，由日駐華公使於1915年1月當面向袁世凱提出。同年5月7日，日本提出最後通牒，要袁世凱在四十八小時內答覆。兩天後，袁除對五號條款聲明「容日後商議」外，基本接受日本要求。1919年1月，中國代表在巴黎和會上，要爭取的是廢除「二十一條」，歸還山東，取消列強在華特權等，而不是是否答應「二十一條」。另外，袁世凱死於1916年6月6日，「同時」一說，令人誤會1919年的中國，仍由袁執政。其時中華民國的總統乃徐世昌，總理為錢能訓，外交部長則是率團出席巴黎和會的陸徵祥。

「北京13所大專院校的3000餘名學生」舉行的不是「罷課」，而是示威遊行——事件發生在1919年的5月4日。由於政府採取高壓政策，逮捕了32名學生，第二天方才有各專門以上學校的學生代表集會，決議自即日起一律罷課，同時通電全國並上書大總統。而「上大總統書」上簽字的北京專門以上學校有23所，代表9860名學生。

北洋政府被迫釋放全部被捕學生，是在6月7日。免去曹汝霖、章宗祥、陸宗輿的職務，則是6月10日。不過，三位親日派，並非如文中所說都是「內閣總長」——曹時任交通總長，章乃駐日公使，陸則是幣制局總裁。

罷免親日派曹、章、陸後，北洋政府仍然準備對列強屈服：17日電令和談代表簽字，23日改為讓代表「相機行事」。因國內壓力日益

增大，徐世昌總統25日方才通知在巴黎的中國代表團，可以拒絕簽字。根據當時的通訊條件，政府的電報6月28日夜裏才送達，而和約則定在當天上午簽字。據陸徵祥、顧維鈞日後撰寫的回憶錄，他們的拒絕簽字純屬「自作主張」。另據《時事新報》和《民國日報》大同小異的報導，28日那一天，眾多旅法華工和學生包圍了專使寓所，「以致專使等不能赴會簽字」。

《晨報》1919年7月5日發表〈我國拒絕簽字之經過〉，介紹7月3日晚收到的陸徵祥等6月28日所發電文，至此，國人對於拒簽經過方才有比較詳細的瞭解。陸等稱「不料大會專橫至此，竟不稍顧我國幾微體面，曷勝憤慨」，「不得已當時不往簽字」，作為和談代表，未能盡職，只好辭職並準備接受懲戒。7月11日《晨報》刊出〈政府訓電專使之內容〉：「某方面消息云，政府前日（9日）電巴黎專使轉各國云：中國之不簽字，係國民反對甚烈，政府願全民意，是以拒絕簽字。惟中國極希望於得滿意之妥協後，當即行補簽。望和會延長期限，俾得從容討論云云。」不難想像，此則被公開曝光的「訓令」，激起了極大的公憤。5月15日《晨報》又發〈政府對外態度之近訊〉，稱國際上確有要求中國政府「補簽」的巨大壓力，日本輿論表現得尤其露骨，「惟政府方面對於訓令補簽之說，仍極力否認；據云，政府本無簽字之成心」——如果說前者真假難辨，後者則是公開撒謊。

談論影響五四運動之得以形成與展開的「知識份子」，李、陳、毛的排列順序令人費解。就算排除「溫和派」的蔡元培與胡適，影響最大的「激進派」，也仍非陳獨秀莫屬。尤其是談論「創辦刊物」，還有比陳之主編《新青年》更值得誇耀的嗎？至於毛澤東在湖南主辦的學聯刊物《湘江評論》，總共只出版了五冊（1—4號，加上臨時增刊1號，刊行於1919年7—8月），文章質量再高，也無法擠進五四時期重要刊物的前三名。更值得注意的是，《湘江評論》創刊號出版於1919

年7月14日,將其放在「五四運動前夕」論述,無論如何不恰當。

作為一種思想方法的「實用主義」,與作為一種價值體系的「儒家學說」,二者並不完全對等。五四時期,批判「儒家學說」的,遠不只胡適一派;而胡適之接受西學,也不局限於「實用主義」。談「問題與主義」之爭,「實用主義」可以派上很大用場;可新文化人之「打倒孔家店」,從終極目標到理論武器,均與「實用主義」沒有多大關係。將五四時期的思想潮流,簡化為李大釗為代表的馬克思主義與胡適為代表的實用主義兩大流派的鬥爭,此乃五十年代全國上下批胡適留下的後遺症。

這裏僅就史實考辨而言;至於意識形態與解釋框架如何制約著五四運動的意義闡發,牽涉的問題更多,暫不涉及。

其實,以上所述,沒有驚世駭俗的高論,也談不上獨創性。之所以選擇具有權威性而又代表一般知識體系的「百科全書」,目的只是說明一點:紀念了幾十年的「五四」,未必真的為大眾與學界所瞭解。

那麼,五四運動到底是如何爆發,又如何被後世紀念與詮釋的呢?

二、五月四日那一天

談論影響整個二十世紀中國人精神生活與社會變遷的五四運動,思路及策略千變萬化:可以長時段研究,也可以瞬間描述;可以全景透視,也可以私人敘述;可以理性分析,也可以感性復原。鑒於有關「五四」的研究成果多偏於前者,本文希望拾遺補闕,關注「瞬間」、「私人」與「感性」,希望從具體而微的角度,展現那不大為今人關注的另一種「五四」風貌。

本文假定讀者對五四運動的產生與發展已有總體印象，需要瞭解的是，5月4日那天發生在北京天安門前的政治抗議的具體細節。在眾多關於五四運動的描述中，我選中《晨報》1919年5月5日題為〈山東問題中之學生界行動〉的文章，作為基本的敘事線索。因其係記者的「現場報導」，雖也有明顯的傾向性，但比起日後各路人馬越來越豐富的追憶，顯然更接近「真相」──假如承認有「真相」一說的話。以下的敘述，先引一段上述《晨報》文字，而後才是我的考辨與發揮。希望如此古今重疊，能幫助我們穿越歷史時空，重睹當年情景。

花開春日

> 昨日為星期天，天氣晴朗，記者驅車赴中央公園遊覽。至天安門，見有大隊學生，個個手持白旗，頒佈傳單，群眾環集如堵，天安門至中華門沿路，幾為學生團體占滿。記者忙即下車，近前一看……

1919年的5月4日乃「星期天」，這點至關重要。因為，學生之所以遊行至東交民巷，目的是向美英等國公使遞交說帖，表明誓死收回山東權益的民意，並「請求貴公使轉達此意於貴國政府、於和平會議，予吾中國以同情之援助」❶。寄希望於美、英等國主持公道，是否過於天真，這且不論。倘若並非星期天，起碼美國公使可以出面接納說帖，若如是，學生之激憤將得到很大緩解，事件很可能不會進一步激化。無論是當時文件，還是日後追憶，都表明學潮的組織者事先並無「火燒趙家樓」的計畫。

歷史本來就是「萬花筒」，充滿各種偶然因素。當初事態緊急，群情激昂，沒人顧及星期天是否有人接受說帖這樣的細節，後人更無

另做假設的權利。相對於無可爭辯的「星期天」，伸縮度很大的「天氣晴朗」，更值得留意。一心救國的青年學生，不會分心考慮陰晴冷暖；可遊行當天的天氣情況，切實制約著大規模群眾集會的效果。尤其是集會天安門前、受氣東交民巷、火燒趙家樓等戲劇性場面，實際上都與天氣狀況不無關係。

更何況，對於後人之進入「五四」的規定情境，需要虛擬的，第一便是此並非無關緊要的「天氣晴朗」。

「五四」那天的天氣，不受時人及史家的關注。不像6月3日——那天北京學生大規模上街演講，軍警包圍北大三院，將其作為臨時監獄——竟以「狂風怒號」、「黑雲遮天」進入史冊。軍警捕人與狂風怒號，二者剛好配對，很容易大做文章。先是6月5日《晨報》發表〈時評〉：

> 前天下午，北京的天氣，忽然間大變起來，狂風怒號，烏雲密佈，繼之以打雷，閃電，下雨，一時天地如晦。本館的電話也壞了，電燈也滅了。記者這個時候，不禁發了悲天憫人的感想。何以故呢？因為當老天大怒的時候，正是那幾百位青年學生被圍的時候。記者此時想到北河（沿）一帶的光景，不覺於電光閃閃之中，發了一聲長歎，說道：咳！這是什麼景象。❷

接著，6月8日出版的《每週評論》25號，又有陳獨秀以「只眼」筆名發表的文章，提及政府派軍警抓捕上街演說的學生：

> 這時候陡打大雷刮大風，黑雲遮天，灰塵滿目，對面不見人，是何等陰慘暗淡！❸

這既是寫實，也屬象徵，特別適合表達某種政治傾向。故史家在論及「六三」時，均喜歡引用陳等頗帶文學色彩的描述。6月3日那天確有風雨，但似乎不像《晨報》記者和陳獨秀說的那麼嚴重。《魯迅日記》對天氣的記載，歷來很仔細；那天的日記是：「晴，下午曇。同徐吉軒往護國寺一帶看屋。晚大風一陣後小雨。」❹

同樣依據《魯迅日記》，我們可以大致復原1919年5月初的天氣：1日有雨，2日放晴，3日夜裏起風，4日「曇」（即多雲）❺。這樣的天氣，無疑很適合室外活動。1919年的5月4日，農曆四月初二，立夏前兩天，氣候宜人。舊京風俗，四月初一至十五，妙峰山舉行廟會，據稱「香火之盛，實可甲於天下矣」❻；另一盛事則是四月初八的浴佛會，「街衢寺院搭苫棚座，施茶水鹽豆，以黃布帛為懸旌，書曰普結良緣」❼。五四時期的中國，古都北京的氣候及習俗，與清代沒有多大變異。春夏之交，依然最值得留戀，最適合於郊遊。

就像郁達夫所說的，北國的春天，來得遲，去得早：「春來也無信，春去也無蹤，眼睛一眨，在北平市內，春光就會同飛馬似的溜過。屋內的爐子，剛拆去不久，說不定你就馬上得去叫蓋涼棚的才行。」❽正因為北京的「春光」稍縱即逝，「踏青」成了雅俗共賞的遊戲。稱「妙峰山雖熱鬧，尚無暇瞻仰」的周作人❾，對北京人之熱心於遊春，也頗為欣賞。

只是1919年的5月，國難當頭，絕非表達文人雅興的恰當時刻。可有趣的是，日後回憶，時常會帶出春天的芬芳。「五四」當天被捕的學生之一楊振聲，日後撰寫文章，稱：「五月四日是個無風的晴天，卻總覺得頭上是一天風雲。」❿這「一天風雲」的說法，大概屬於象徵，與魯迅日記中的「多雲」沒有多大關係。另一個北大學生范雲，風雲之外，終於注意到周圍環境：「一九一九年的五月初，在北京是春暖花香的日子，人們的愛國熱情也在一天天地高漲。」⓫還是

不滿足於寫實，非要將「春暖花開」作為「愛國熱情」的起興不可。

大概也只有文學家，才會如此關注這些日常生活細節。冰心四十年後追憶，念念不忘的是「那天窗外刮著大風，槐花的濃香熏得頭痛」❿。王統照的描述更仔細：

> 天安門前，正陽門裏大道兩旁的槐柳，被一陣陣和風吹過搖曳動盪，而從西面中山公園（那時叫中央公園）的紅牆裏飄散出來各種花卉的芬芳，如在人稀風小的時候，也還可以聞到。❸

當然，就像王統照補充說明的，那天學生們並沒有賞花的「閒情逸致」，一心想著的是「國亡了，同胞起來呀！」可對於復原歷史事件的現場氣氛，紅牆裏飄散出來的芬芳，並非可有可無的閒筆。清末民初的北京城，「本來就是一個只見樹木不見屋頂的綠色的都會」，春天裏，最讓郁達夫難以忘懷的，就是「城廂內外的那一層新綠，同洪水似的新綠」❹。對於代表著春天的花木之鑒賞，北京人歷來十分敏感。所謂「花名玫瑰，色分真紫鵝黃；樹長娑羅，品重香山臥佛」❺；或者「四月花開時，沿街喚賣，其韻悠揚；晨起聽之，最為有味」❻。而據《中央公園廿五周年紀念刊》所列「本園花信表」，自四月中旬至五月中旬，該公園依次有下列花開迎賓：紫丁香、山芝蘭、杏花、白丁香、紫荊、海棠、榆葉梅、月季、黃刺梅、藤蘿、白牡丹、各色牡丹、薔薇、芍藥、玫瑰等❼。《紀念刊》出版於十多年後，可「花信」不會有多大改變。

可惜的是，1919年的春天，卻被北京人普遍冷落。迫在眉睫的亡國危機，使得世人的目光，轉而投向天安門前吶喊的青年學生。

以紅牆為背景而又無意於觀花賞木的三千青年學生，手舉白旗，列隊示威，除了記錄在案的標語口號，其衣著如何，是我們復原現場

的另一重要因素。五四運動後十五年，錢玄同曾對孫伏園說：「你穿著夏布大褂，戴著蒙古式毛絨帽子，我記得清清楚楚的。」孫當時沒有反應，事後想想不對，很明顯，五月初「還不會穿夏布大褂」❸。可春夏之交北京的氣候，實在說不準。用周作人的話來說，在北京，「春天似不曾獨立存在，如不算他是夏的頭，亦不妨稱為冬的尾，總之風和日暖讓我們著了單夾可以隨意徜徉的時候真是極少，剛覺得不冷就要熱了起來了」❸。「一清早雖還有點微涼之感，午間卻已煩熱」，你愛穿什麼衣服，其實無所謂。根據王統照的回憶，學生中「穿長袍的占大多數，也有穿短黑制服的」❷。而上述那篇《晨報》的報導，提及步軍統領李長泰出現在天安門紅牆旁時，「身穿舊式天鵝絨織花馬褂，褐色呢袍」。從現存照片看，確實是春夏衣著夾雜。

　　如果說考證衣著，只是為了視覺形象；衣著與天氣配合，卻關係遊行者的心境。不少回憶文章都提到，那天中午以後，天氣漸熱——大熱天裏，在東交民巷等候將近兩個小時，這對於「醞釀情緒」，不無幫助。借用《五四》一書的說法，便是：「此一心一德三千學生同暴於烈日之下，雖無厭倦之容，難免忿恨之態。」❹

集會天安門前

　　記者到時，學生不過六七百人。少頃，各大隊學生手持白旗，紛紛由東西南各方雲集而來。……（法政專門學校代表稱）等大家到齊，我們便要遊街示眾，叫我們國民也都知道有這種事體。遊街後再到東交民巷英、美、法、意各國使館提出說帖，表示我們的意思。完後還要轉到這裏，開會商議善後辦法。……（教育部某司長勸說無效、步軍統領李長泰出現在天安門紅牆旁）學生代表又向李統領婉言曰：我們今天到公使館，不過

是表現我們愛國的意思，一切的行動定要謹慎，老前輩可以放心的。各學生大呼走走。李統領亦無言，旋取下眼鏡，細讀傳單，半晌後對群眾曰：那麼，任憑汝們走麼。可是，千萬必要謹慎，別弄起國際交涉來了。言畢，囑咐警吏數語，即乘汽車而去。學生全體亦向南出發。

以天安門紅牆為背景舉行集會，學生自然只能來自「東西南」三個方向，而不可能從北邊的故宮衝殺出來。看來，記者的用詞還是蠻講究的，比起日後眾多「四面八方」之類的概說，報導中之「找不著北」更為準確。可這不能理解為當年北京的專門以上學校均集中在天安門的東西南三個方向。恰恰相反，當天參加遊行的13所學校，處在東西長安街以北的就有8所。這13所學校當年的校址以及學生數，現列表如下：

北京大學	北沙灘、景山東街、北河沿	3000/2400人
北京高等師範學校	和平門外廠甸	925/700人
北京法政專門學校	西城太仆寺街	/700人
北京工業專門學校	西四牌北祖家街	200/150人
北京農業專門學校	阜成門外羅道莊	200/150人
北京醫學專門學校	前門外後孫公園	200/130人
鐵路管理學校	西單李閣老胡同	200/人
高等警官學校	北新橋以西	/300人
北京稅務學校	朝陽門內大雅寶胡同	/320人
中國大學	前門內西城根	1400/1450人
匯文大學	崇文門內盔甲廠	/80人
民國大學	宣武門外儲庫營	300/300人
朝陽大學	東四海運倉	200/350人

表中學生數目有二，均為略數（如「三百餘人」以300人計），前者見靜觀《北京專門以上學校新調查》[22]，後者依據1919年5月5日學生所呈《上大總統書》上的簽署[23]。至於校址，根據各種資料綜合而成。

　　為了讓讀者對當年天安門前遊行學生的「來龍去脈」有感性的瞭解，這裏根據侯仁之先生主編《北京歷史地圖集》❷中的「民國北京城」（1917年），編制成「參加1919年5月4日天安門集會遊行的北京13所學校位置示意圖」。北京農業專門學校地處阜成門外，不在原圖範圍內；民國大學1917年方才正式招生，原圖未來得及標上。餘者，對照閱讀附圖，不難「按圖索驥」。鎖定各校位置，對於今人之想像學生如何走向天安門，相信不無幫助。

參加1919年5月4日天安門集會遊行的北京13所學校位置示意圖

1.北京大學
　（北沙灘、景山東街、北河沿）
2.北京高等師範學校
　（和平門外廠甸）
3.北京法政專門學校
　（西城太僕寺街）
4.北京工業專門學校
　（西四牌北祖家街）
5.北京農業專門學校
　（阜成門外羅道莊）
6.北京醫學專門學校
　（前門外後孫公園）
7.鐵路管理學校
　（西單李閣老胡同）
8.高等警官學校
　（北新橋以西）
9.北京稅務學校
　（朝陽門內大雅寶胡同）
10.中國大學
　（前門內西城根）
11.匯文大學
　（崇文門內盔甲廠）
12.民國大學
　（宣武門外儲庫營）
13.朝陽大學
　（東四海運倉）

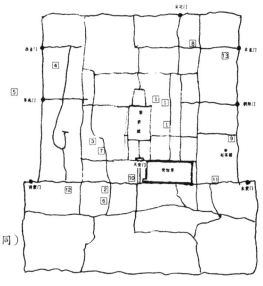

《晨報》文章提及參加集會的若干學校，可就是沒有唱主角的北京大學。這反而證實了記者確係「有聞必錄」，忠實於自己的眼睛。北大學生因與前來勸說的教育部代表辯論，耽誤了不少時間，故最後一個到達天安門前。

記者所錄法政學校代表的談話，並未歪曲學生的意願，最早的設計，確實就只是提交說帖，表達民意。這一點，從北大學生羅家倫所擬的〈北京全體學界通告〉，可以看得很清楚。羅不愧為胡適的高足，用白話文草擬群眾集會的傳單，顯然更適合於傳播。這份沿途散發的傳單，「最簡單明白」（《晨報》記者全文引錄時所加的評判），故流傳也最為廣泛。

> 現在日本在萬國和會要求吞併青島，管理山東一切權利，就要成功了！他們的外交大勝利了！我們的外交大失敗了！山東大勢一去，就是破壞中國的領土！中國的領土破壞，中國就亡了！所以我們學界今天排隊到各公使館去要求各國出來維持公理。務望全國工商各界一律起來設法開國民大會，外爭主權，內除國賊。中國存亡，就在此一舉了！今與全國同胞立兩個信條道：
> 中國的土地可以征服而不可以斷送！
> 這個的人民可以殺戮而不可以低頭！
> 國亡了，同胞起來呀！㉕

此通告雖慷慨激昂，其實沒有採取激烈行動的想法，只是呼籲國民起來關注青島問題。所謂「外爭主權，內除國賊」，也只是寄希望於「國民大會」之召開。相比之下，另一位北大學生許德珩所擬的〈北京學生界宣言〉，可就激進得多了。

我同胞有不忍于奴隸牛馬之苦，極欲奔救之者乎？則開國民大
會，露天演說，通電堅持，為今日之要著。至有甘心賣國，肆
意通姦者，則最後之對付，手槍炸彈是賴矣。危機一發，幸共
圖之！❷

雖然只是字面上的暴力除奸，遊行學生並沒真正準備「手槍炸彈」
（據高師的匡互生稱，他們有此設想，可並沒弄到手）。晚清之俠風高
揚，暗殺成風，國人記憶猶新。民國建立後，政府嚴禁會黨活動，譴
責政治暗殺（起碼表面上如此），而「宣言」之放言「手槍炸彈」，與
其時之流行無政府主義思潮，不無關係。兩份主要文件的微妙差別，
隱約可見學潮中的不同聲音。

　　從步軍統領李長泰的勸說看，當局最擔心的是引起國際糾紛。顯
然，政府並未意識到即將到來的學潮的巨大能量，以及可能引發的嚴
重的社會後果。也不是學生使用計謀矇騙當局，遊行一開始確實顯得
比較平和。如果不是被激怒的學生臨時轉向趙家樓，「五四」那天的
遊行，大概也不會出什麼大事。可所有自發的群眾運動，無不充滿各
種變數，隨時可能改變方向。更何況，學生中還有溫和派與激進派的
區別。不只李統領預料不到事態的嚴重性，政府及軍警也都沒想到會
如此急轉直下。這才能解釋何以曹汝霖已經知道街上學生的遊行口
號，仍沒感覺到危險，參加完總統的午宴後照樣回家。

　　學生之所以集會天安門前，因此處及西側的中央公園，乃民初最
為重要的公共活動空間。天安門附近，明清兩代均為禁地。民國肇
興，方才對外開放，東西長街頓成通衢。「遂不得不亟營公園為都人
仕女遊息之所。社稷壇位於端門右側，地望清華，景物鉅麗，乃於民
國三年十月十日開放為公園。」❷民國初年，京城裏文人雅集，往往
選擇中央公園；至於大型群眾集會，則非天安門前莫屬。

天安門原名承天門，始建於明永樂十五年（1417），是皇城的正門。清順治八年（1651）重建，並改用現名。此後三百多年，城樓的基本格局沒有大的改變。從天安門到與之相對的中華門（即原大明門、大清門）之間，即為禦道，兩旁為明清兩代的中央政府機關。即便進入民國，戶部街、兵部街、司法部街等地名，依舊提醒你此處乃無可替代的政治中心。從皇帝舉行頒詔儀式的神聖禁地，變為青年學生表達民意的公共場所，天安門的意義變了，可作為政治符號的功能沒變。集會、演講、示威於天安門前，必能產生巨大的社會影響，這幾乎成了本世紀中國政治運作的一大訣竅。地方寬敞當然不無關係，可更重要的，還是因其象徵著政治權力。

天安門前的那對精美絕倫的華表，見識過多少激動人心的政治場面！遠的不說，十九年前八國聯軍的炮火、七八年前隆裕太后之頒佈溥儀退位詔，還有半年前北京六十多所大、中、小學校三萬餘名學生為慶祝協約國勝利舉行盛大集會遊行，都可由天安門前的華表作證。1918年的11月15、16兩天，也就是集會遊行後的第二、三天下午，北京大學還在天安門前舉行針對民眾的演講大會，由蔡元培、陳獨秀、胡適、陶孟和、馬寅初、陳啟修、丁文江等輪流登臺講演。㉘

這一回的集會可大不一樣，組織者既不是政府，也不是學校，是學生們自己。走上街頭的學生，其抗議遊行，既指向列強，也指向當局。集會上，最引人注目的標語，一是北大法科學生謝紹敏前天晚上咬破中指撕下衣襟血書的「還我青島」四個大字；另一則是高師學生張潤芝所撰輓聯㉙：

> 賣國求榮，早知曹瞞遺種碑無字；
> 傾心媚外，不期章惇餘孽死有頭。
> 北京學界同輓。賣國賊曹汝霖、章宗祥遺臭千古

而這，恰好對應了「外爭主權，內除國賊」的學界宣言及遊行口號。

1919年7月出版的《五四》一書，不只記載了上述宣言、傳單、標語、輓聯等，還用簡潔的語言，渲染集會氛圍：

> 最先至者為高師、匯文兩校，北大因整隊出發時，有教育部代表及軍警長官來勸阻，理論多時，故到天安門最遲。凡先到者輒歡迎後來者以掌聲，而後來者則應和之以搖旗，步法整齊，儀容嚴肅，西人見者，莫不嘖嘖稱讚。**❸⓿**

報以掌聲、和以搖旗，以及「步法整齊，儀容嚴肅」等，作為一種政治抗議的示威遊行，其儀式已經基本確立。不同於一般「騷亂」，學生遊行並不妨礙「治安」，故被作為文明社會的表徵，得到相當廣泛的同情。

至於偌大廣場，沒有擴音設備，三千學生如何集會？有稱站在天安門前石獅子頭上作演講的**❸❶**，但我更傾向於王統照的說法，演講者是站在方桌上；而且，現場中大部分人實際上聽不清演講內容，只是因為有很多標語，加上不時呼口號，知道大致意思**❸❷**。但這已經足夠了，讀過宣言，呼過口號，隊伍開始向南、向東、向北移動。

受氣東交民巷

> 學生欲通過（東）交民巷往東而行，該處警察竟然不許通行。學生頗受激刺，不得已折而往北，出王府井大街，經東單牌樓，向趙堂子胡同，入趙家樓曹汝霖之住宅。

關於五月四日學生遊行的路線，眾多事後追憶，差別不是很大。

起碼東交民巷受阻、而後才轉向趙家樓這一強烈印象，保證了所有回憶文章的大致方向不會有誤。差別只在於轉折的路口，以及經過的具體街巷。相對來說，記者的現場報導比較可靠；但比起原北洋政府陸軍部駐署京師憲兵排長白歧昌的報告，還是小巫見大巫：

> 該學生團於午後二時三十分整隊出天安門，折東進東交民巷西口，至美國使館門首，遂被阻止。該代表等從事交涉，仍未允通行。後即轉北往富貴街，東行過禦河橋，經東長安街南行，經米市大街進石大人胡同，往南小街進大羊宜賓胡同，出東口北行，向東至趙家樓曹宅門首。㉝

職務所在，當年跟蹤學生隊伍的憲兵排長，其所提供的報告，應該說是「最具權威性」的。兩點半方才起行，四點左右已到達趙家樓（這點為不少回憶文章所證實），那麼，東交民巷耽擱的時間，就不可能像許多回憶錄所說的「足足有兩小時」。

即便如此，受阻於東交民巷，依舊是事件發生逆轉的關鍵所在。憲兵排長只說學生代表交涉而未獲允許，自是不如《晨報》之注意到「學生頗受激刺」。《五四》一書，更將遊行隊伍之轉向趙家樓，直接歸因於使館界口的等待：

> 學生既在使館界口鵠立兩小時之久，而市民之加入者亦甚眾，當時群眾義憤填膺，急欲得賣國賊而一洩之。於是議定先尋曹氏，次尋章、陸。�34

為何由使館界口受挫，便「急欲得賣國賊而一洩之」？除了此次運動「外爭主權，內除國賊」的宗旨，更因東交民巷這種「國中之國」，本

身就是主權喪失的表徵。懇求列強「維護公理」說帖沒被接收，反而目睹使館區驕橫的巡捕、猙獰的兵營，更強化了中國人的恥辱感。

羅家倫等四位學生代表前往美國使館交涉，公使不在，只是留下言辭懇切的「說帖」。其時國人對於美利堅合眾國及其總統威爾遜大有好感，故「直率陳詞」，「請求貴公使轉達此意於本國政府，於和平會議予吾中國以同情之援助」。英、法、意諸國使館也有學生代表前往交涉，可都只是答應代為轉呈說帖。至於申請穿越使館區遊行，始終未得到允許。學生們之所以希望「往東」而不是「向北」，明顯是衝著僅有一街之隔的日本使館。三千熱血沸騰的青年學生，被堵在狹隘的東交民巷西口，這景象，與半年前三萬大中小學生集會天安門前慶祝協約國勝利時，美、英、法等國公使相繼登臺演說，形成了鮮明對比。這裏有技術性的原因，各使館確實星期天不辦公，美國公使等並非故意迴避；但巴黎和會上中國人合理權益之被出賣，也凸顯了國際關係中的「弱肉強食」。而正是這一點，使得國人的民族主義情緒日漸高漲。

至於具體到東交民巷之不讓遊行隊伍通過，有中國政府的關照，也有辛丑和約的限制。東交民巷最初叫東江米巷，明、清兩代屬於天安門前「五部六府」範圍。乾嘉年間，出現供外國使臣臨時居住的「迎賓館」；鴉片戰爭以後，更陸續設立英、俄、德、法等國使館。庚子事變中，那拉氏縱容甚至慫恿義和團圍攻東交民巷使館區，導致八國聯軍入侵北京。第二年，清廷被迫與八國聯軍簽訂喪權辱國的辛丑和約（1901），此後，東交民巷就成了變相的「租界」。清末仲芳氏《庚子記事》辛丑年五月十五日記曰：

> 東交民巷一帶，東至崇文大街，西至棋盤街，南至城牆，北至
> 東單頭條，遵照條約，俱劃歸洋人地界，不許華人在附近居

住。各國大興工作，修建兵營、使館，洋樓高接雲霄。四面修築炮臺以防匪亂，比前時未毀之先雄壯百倍，而我國若許祠堂、衙署、倉庫、民房，俱被占去拆毀矣。傷心何可言歟！㉟

除了「四面修築炮臺」，還在使館區內建立了一整套獨立於中國政府的行政、司法、經濟、文化管理機構，再加上東西兩端由外國軍警日夜把守的鐵門，這裏成了道地的「國中之國」。不但中國官員、百姓不能隨意進入，連人力車都得有特殊牌照才允許通行。在這個意義上，巡捕及警察之阻止學生隊伍通過，並非故意刁難。

可對於青年學生來說，「和約」是一回事，「公理」又是一回事。沒有大總統令以及外交照會就不准進入使館區遊行，此說依據的是「和約」；學生們要追問的是，如此不平等的「和約」符合「公理」嗎？經過新文化運動的薰陶，新一代讀書人已經學會獨立思考：「從來如此，就對嗎？」東交民巷西口巡捕及警察的「合法」阻攔，不只沒有平息學生的抗議活動，反而激起強烈反彈：「學生已覺刺激不淺，以為國猶未亡，自家土地已不許我通行，果至亡後屈辱痛苦又將何如？」㊱四十年後，楊晦撰寫回憶文章，再次強調遊行隊伍無法通過使館區時學生們憤怒的心境：

> 青年學生的熱血沸騰，但是擺在眼前的，卻是一個鐵一般的冷酷事實：使館界，不准隊伍通過！氣炸了肺，也是無濟於事的呀！為什麼我們自己的國土，不准我們的隊伍通過？使館界！什麼是使館界？是我們的恥辱！㊲

正當「大家都十分氣憤，也十分洩氣」的時候，聽說「還去趙家樓，情緒就又振奮了一下」。楊晦的這一描述，與「急欲得賣國賊而一洩

之」的說法，不謀而合。

根據匡互生的回憶，長時間受阻於東交民巷的遊行隊伍，決定直撲曹汝霖家時，「負總指揮的責任的傅斯年，雖恐發生意外，極力勸阻勿去，卻亦毫無效力了」❸。傅斯年、羅家倫等「新潮社」同人，關注的主要是思想文化革新，對實際政治運動興趣不太大，也不主張採取激烈的手段，其勸阻直撲趙家樓，自在意料之中。問題在於，學生之轉向曹宅並採取暴力行動，是群情激奮呢，還是有人暗中策劃？

曾為北京學聯代表的高師學生熊夢飛，三十年代初撰文紀念匡互生，提及天安門前集會時，有往總統府、往外交部，還是往英美使館之爭（此說不太可信。學生遊行之目的，「說帖」和「通告」都已表白無遺，直奔使館區早在計畫之中，無待天安門前表決），「互生是時，意固別有所在，集其死黨為前驅」。到了東交民巷遊行受阻，「前驅者大呼『直奔曹宅』！群情憤慨，和之，聲震屋瓦」❸。言下之意，將學生隊伍引向趙家樓的，是匡互生及其「死黨」，而且是蓄意謀劃的。另一位高師同學俞勁，也提及遊行隊伍本該向總統府請願，「但走在隊伍前面的人（有些是參加五四前夕秘密會議的），卻有目的地引導隊伍浩浩蕩蕩向趙家樓曹汝霖公館走去」❹。

然而，當時與匡互生同行的周予同和張石樵，都沒提及匡轉移遊行隊伍的努力。據周稱，遊行的前一天晚上，他們的小組織有過秘密集會，希望採取激烈手段而不是和平請願。可遊行當天，匡等並無到曹家的計畫。「但當遊行隊伍經過東交民巷口以後，有人突然高呼要到趙家樓曹汝霖的住宅去示威。在群情激憤的時候，這響亮的口號得到了群眾一致的擁護。」❹而張石樵作為同窗好友，與匡互生一路同行，聽說直奔曹家，認為有理，「也正合我們早就商量好的」懲罰賣國賊的計畫❹。這兩位當事人，只是強調轉赴趙家樓的提議符合自家意願，並沒提及匡所發揮的作用。

　　依我看，此等「神來之筆」，正是群眾運動特有的魅力。說不清是誰的主意，你一言，我一語，群情互相激盪，一不小心，便可能出現「創舉」。匡互生說得對，「這時候群眾的各個分子都沒有個性的存在，只是大家同樣唱著，同樣走著」❹，很難確定誰影響誰。日後追根溯源，非要分出彼此，弄清是哪一個首先喊出「直奔曹宅」的口號，其實不太可能，也沒必要。作為一個基本上是自發的群眾運動，「五四」與日後眾多由黨派策動的學潮的最大區別，正在於其「著作權」的不明晰。

火燒趙家樓

> 時正下午四鐘，且見火焰騰騰，從曹宅屋頂而出。起火原因如何，言人人殊，尚難確悉。……至六時許，火光始息，學生仍將整列散歸，而警察乃下手拿人。學生被執者，聞有數十人之多。

　　遊行隊伍向北、向東、再向北，再向東……浩浩蕩蕩，揚起一路灰塵。「北京的街道在那時本來就是泥沙很多，正是春末夏初，陣風一起，加上這幾千人的步行蹴踏，自然有一片滾滾的塵霧，直向鼻孔口腔中鑽來。」❹只是群情激昂之際，沒人顧及此等小事，學生們照樣高呼口號，散發事先印好的傳單。

　　下午四點半左右，據說仍然排列整齊的遊行隊伍，終於來到離外交部不遠的趙家樓2號曹汝霖的住宅。這是一幢兩層的西式洋房，所有門窗緊閉，周圍有二百軍警把守，按理說，不該出現如下戲劇性的場面：赤手空拳的學生破窗入室、打開大門、毆打章宗祥並火燒趙家

樓。事後大總統徐世昌發表命令，責備警察「防範無方，有負責守」❹⑤；曹汝霖則認定是警察總監吳炳湘與他作對，縱容學生放手表現。將警察之「防範無方」，歸咎於上司示意放水，或者像眾多回憶錄所說的，被學生的愛國熱情所感化，恐怕均非事實。持槍的警察，面對如此果敢的學生，倉促之間，確實不知如何處置。

「趙家樓」這場戲，乃五四抗議遊行的高潮，從事發當天到現在，出現無數版本，實在耐人尋味。其中有兩個關鍵性的情節，歷來眾說紛紜，需要進一步確認。一是何人冒險破窗，二是何以放火燒房。

匡互生撰於1925年的〈五四運動紀實〉，只是說「那些預備犧牲的幾個熱烈同學，卻乘著大家狂呼的時候，早已猛力地跳上圍牆上的窗洞上，把鐵窗沖毀，滾入曹汝霖的住宅裏去」❹⑥。三十年代初匡逝世時，同學熊夢飛撰寫紀念文章，稱「互生縱身躍窗戶，以拳碎其鐵網而入」❹⑦。到了五十年代，匡的另一位高師同學周予同進一步證實：「他首先用拳頭將玻璃窗打碎，從視窗爬進入，再將大門從裏面打開。」理由是，遊行當晚，周回學校時，見匡滿手鮮血，說是敲玻璃敲的❹⑧。後來，關於匡擊破鐵窗的故事，便越傳越玄，幾乎可與武俠小說相媲美。

六十年代初，高師學生俞勁在〈對火燒趙家樓的一點回憶〉中稱：「突然有領隊某君（參加五四前夕秘密會議人員之一，湖南人，高師數理部學生，曾習武術，膂力過人）奮不顧身，縱步跳上右邊小窗戶」。接下來，便是警察拉後腿，眾學生幫忙解脫；「某君頭向裏面一望，內面還有數十名警察，正槍口對著他」，於是開始演說，終於警察良心發現，把槍放下❹⑨。

七十年代末，另一位高師學生夏明鋼（原名夏秀峰）〈五四運動親歷記〉的描述更精彩：「匡濟從西院窗口將鐵柵扭彎了兩根（匡在

少年時就練就了一手好內功，他只要用手一捏，就能夠把彎的鐵門扣捏直，其氣力之大有如此者），打開了一個缺口，他從缺口爬進去，摔開守衛的警察，將大門打開，群眾便蜂擁而入。」⑩

八十年代中，又出現新的版本，開始注意曹宅院子的高牆。寫作者仍是高師同學，名叫張石樵，在〈懷念五四壯士匡互生〉中稱：「匡互生發現曹宅有個窗戶，他就利用從小練就的一身功夫，在同學們的幫托下，一拳打開了窗子，躍身而下。」⑪

但是，擅長武功的匡互生第一個跳進曹家院子的故事，受到另外兩條材料的挑戰。以下兩篇文章的作者，也都是「五四」那天的活躍人物，而且均於當天被捕。一是匡的高師同學陳藎民（原名陳宏勳），在撰於1979年的〈回憶我在五四運動的戰鬥行列裏〉中，有這麼一段：

> 我身材較高，就踩在高師同學匡互生的肩上，爬上牆頭，打破天窗，第一批跳入曹賊院內。我和同學把大門門鎖砸碎，打開大門，於是，外面的同學一擁而入。⑫

另一個自稱踩在匡君肩上爬上牆頭的，是北大學生許德珩。在〈五四運動六十周年〉中，許稱匡日休個子高，站在曹宅向外的兩個窗戶以下：

> 我們趁軍警不備之際，踩上匡日休的肩膀，登上窗臺把臨街的窗戶打開跳進去，接著打開了兩扇大門，眾多的學生蜂擁而入。⑬

陳自稱「第一批」跳入曹家院裏，而許所說登上窗臺的是「我們」，

都沒有一口咬定是自己獨自一人首開紀錄。問題是，如果陳、許的說法屬實，「甘當人梯」的匡互生，便不可能第一個跳進院裏。可誰又能保證陳、許六十年後的回憶準確無誤？

高師另一被捕學生初大告，大概意識到兩種說法互相矛盾，於是兵分兩路，互不干涉：「高師同學匡日休奮勇踏著人肩從門房（傳達室）後窗爬進，打開大門，另外一個高師同學陳藎民越牆而入，學生們一擁而入，發現曹汝霖等已經聽到風聲從後門逃走。」㉞讓匡、陳分開突破，表面上解決了高師內部說法的矛盾，可還有北大學生許德珩的腳下到底何人，有待進一步考證。

比打開天窗更具有戲劇性、也更撲朔迷離的，是「火燒」趙家樓。1919年7、8月間出版的《五四》和《青島潮》，都反對學生放火一說。前者列舉曹宅起火原因共四說，結論是：「四說皆有理由，究竟如何起火，至今尚無人能證明之者。」㉟後者更將電線走火與曹家放火捏合在一起，創作出如下絕妙畫面：「時正酉正，電燈已燃。未幾，火起，眾大憤，始知曹將燒死學子，以為洩怨計。」㊱四十年後，楊晦還是一口咬定曹家自己放的火，理由很簡單：「這些無恥政客，國都可以賣，還有什麼事做不出來？一放火，造成學生的刑事犯罪，豈不就可以逮捕法辦了嗎？」㊲楊文「政治正確」，但沒提供任何新證據，曹家自己放火一說，很難坐實。

當年警察廳關於曹宅起火原因的調查，並無一定結論。因為，若斷學生點火（不管是把曹宅床上的羅帳點著，還是將汽油倒在地毯上燒），勢必追究學生的刑事責任；若說曹的家人點的火，準備趁火打劫，或曹授意家人縱火，以便燒死衝入曹宅的學生，則必須譴責甚至懲罰曹家或家人。既然兩頭都不能得罪，可供選擇的最佳方案，便是「電線走火」。這麼一來，誰都沒有責任，而且，所有取證、起訴、審判等麻煩手續，均可一筆勾銷。英文《字林西報週刊》（1919年5月

10日）的描述最為精彩：「當時與警察爭執之際，竟將電燈打碎，電線走火，遂肇焚如。」該報還稱，教育部為了息事寧人，也「答應以曹家著火乃因電線走火的說法以爭取釋放被捕學生」。5月7日政府被迫釋放學生，不再追問曹宅起火原因，似乎利用了這一絕妙的臺階❺❽。

可正像當年就讀北京工業專門學校的尹明德所說的，誰都明白，火確實是學生放的，只是不能承認。「當時在黑暗專制反動時期，學生不敢承認放火，恐貽反動派以口實，偽稱係曹宅自行放火，借此驅散群眾。軍警機關既未在學生身上搜出火柴，也不敢貿然加以學生放火之罪。」❺❾當年為了政治鬥爭的需要，抵死不能承認學生放火；等到事過境遷，「火燒趙家樓」成了名揚四海的壯舉，可又說不清到底是誰、用什麼方式點的火了。

有說是學生們「搜索到下房，有人發現半桶煤油，就起了『燒這些雜種』的念頭」❻⓪；也有人說是「群眾找不著曹汝霖更加氣憤，有人在汽車房裏找到一桶汽油，大家高喊『燒掉這個賊窩』。汽油潑在小火爐上，當時火就燒起來了」❻❶；還有說是「有一個同學抽煙，身上帶有火柴，看到臥室太華麗，又有日本女人，十分氣憤，就用火柴把綠色的羅紗帳點燃了，頓時室內大火，房子也就燃起來了」❻❷。以上三家，均為在場的北大學生，既然都沒指定具體的縱火者，可見聞見尚虛。

根據現有資料推斷，縱火者大概非北京高師學生莫屬。如此巨大的光榮，似乎沒有其他學校的學生前來爭領。歷來自居老大的北京大學，對此事也只能含糊其詞；甚至還出現了北大中國文學門學生蕭勞也都站出來作證，將「放火」的光榮拱手相讓：

> 我行至曹家門外，看見穿著長衫的兩個學生，在身邊取出一隻

洋鐵偏壺，內裝煤油，低聲說「放火」。然後進入四合院內北房，將地毯揭起，折疊在方桌上面，潑上煤油，便用火柴燃著，霎時濃煙冒起。我跟在他們後面，親眼看見。大家認得他倆是北京高等師範的學生。❻❸

至於高師的學生，早就不客氣地將此壯舉收歸名下。差別只在於，到底是哪一位高師學生放的火。

高師學生張石樵自稱：「親眼看到北京高師一同學用煤油把房子點著了，我還添了一把火，趙家樓頓時火起。⋯⋯至今仍有不少人誤把匡互生說成是燒國賊的放火者，這應該加以更正，真正放火者為俞勁（又名慎初）。我們不能為此而改寫歷史。」❻❹ 可俞勁本人，七十年代末撰寫〈對火燒趙家樓的一點回憶〉時，卻將此光榮歸諸匡互生❻❺。匡互生呢？1925年寫作〈五四運動紀實〉時，只提學生放火是「以洩一時之忿怒」，而沒說火是誰點的❻❻。

倒是1957年《近代史資料》重刊此文時，附有老同學周為群所作補充材料，確認曹宅的火確係匡互生所點。而且，還加了如下意味深長的一段話：

> 學生群眾走進曹宅，先要找賣國賊論理，遍找不到，匡互生遂取出預先攜帶的火柴，決定放火。事為段錫朋所發現，阻止匡互生說：「我負不了責任！」匡互生毅然回答：「誰要你負責任！你也確實負不了責任。」結果仍舊放了火。❻❼

段錫朋是北大的學生領袖，而北大又是學運中堅（當年即有「罷不罷，看北大」的說法），因而，段和遊行總指揮傅斯年一樣，自認是要對此次活動「負責任」的。可群眾運動就是這麼回事，總是有「組

織者」、「領導者」控制不了的時候。理由很簡單，既然敢於起來反抗權威，就不會將「臨時指揮」的命令奉若神明。該自己做決定的時候，傅斯年也罷，段錫朋也罷，其實是左右不了局面的。那麼，誰能左右局面？準確地說：沒有。但最激進的口號和舉動，在群眾運動中最有誘惑力，在這個意義上，所謂的「局面」，容易受相對激進而不是溫和的學生的影響。

當年對放火曹宅不以為然的，不只是段錫朋一人，據周予同回憶，「這一舉動沒有得到所有在場同學的贊同」。「有些同學，尤其是法政專門學校的學生，他們認為放火毆人是超出理性的行動，是違反大會決議案的精神，頗有些非議。」❻⑧可倘若不是這一把「超出理性」的無名之火，軍警無法「理直氣壯」地抓人，學生以及市民的抗議也就不會如火如荼地展開。那樣，五四運動將是另一種結局。

在這個意義上，北大、法政等校學生的講究「文明」與「理性」，反倒不及匡互生們不計一切後果的反抗來得痛快淋漓，而且效果顯著。

夜囚警察廳

> 學生被執者，聞有數十人之多。但所執者，未必即為打人毀物之人。昨夕，已有人為之向警廳取釋，以免再激動群情云⋯⋯

就像匡互生所說的，等到軍警正式捕人時，「那些攻打曹宅用力過多的人，這時多半也已經筋疲力盡地跑回學校休息去了」❻⑨。剩下少數維持秩序、零星掉隊或圍觀的，在大批因警察總監及步軍統領的督陣而變得積極起來的警察包圍下，只好束手就擒。32名被捕的學生中，北大20名、高師8名、工業學校2名、中國大學和匯文大學各1名。

當晚7點，遊行學生被捕的消息傳遍九城內外，各校學生紛紛舉行集會，緊急商議營救策略——因傳說被捕學生將被「軍法從事」❼。其中北大三院的集會氣氛最為熱烈，更因蔡元培校長出席講話，對學生的愛國動機表示同情，而得到廣泛的報導與追憶。

至於當晚的若干秘密會議，若曹汝霖與其黨羽如何於六國飯店窺測時勢並確定反攻戰略、錢能訓總理又如何在家中與內閣成員商議懲戒大學處理學生，還有上述報導提及的保釋被捕學生的努力——後者很可能指的是汪大燮、林長民等。因《晨報》乃梁啟超這派政治文人所辦，對「鼓動學潮」的國民外交協會之內情瞭解較多；而報導所提的保釋理由，如「以免再激動群情」、「所執者未必即為打人毀物之人」等，與汪等第二天具呈警廳要求保釋之文大致相同。

比起政界諸多說不清道不明的秘密活動，被捕學生的命運，更牽動時人及後世讀者的心。獄中學生備受虐待，但依舊抗爭——此類想當然的戲劇化描寫，很難滿足讀者瞭解具體細節的欲望。當事人的回憶，讓我們有身臨其境的感覺，可未必準確。

被捕的高師學生陳藎民，在〈回憶我在五四運動的戰鬥行列裏〉中，談到被捕後關進步軍統領衙門，當晚押解到警察廳。被捕學生分數間關押，「我和高師同學向大光及其他學校學生共七人關在一間牢房內，共用一盆洗臉水，待遇雖十分惡劣，但大家精神抖擻，毫不畏懼」❼。而北大學生許德珩則稱：

> 我們三十二人被囚禁在步軍統領衙門的一間監房裏，極其擁擠骯髒，只有一個大炕，東西兩邊各擺著一個大尿桶，臭氣滿屋。每半小時還要聽他們的命令抬一下頭，翻一個身，以證明「犯人」還活著。❼

兩相比較，自是許說更為精彩。其實，二說均有紕漏，合起來，方才是完整的圖景。因為，「五四」那天被捕的學生初分兩處（步軍統領衙門12人，警察廳20人），到了深夜，方才全部集中到警廳。32人共一屋，那是第一夜的情況；六七人關在一間牢房，則是翌日的調整。至於待遇惡劣，也在情理之中。只是以此前此後監獄裏之動輒刑訊拷打，想像「五四」被捕學生之悲慘命運，實多有差謬。

5月6日的《晨報》上，刊有《學生界事件昨聞》，共分九個小標題：昨日各校之罷課、被捕學生之姓名、學生被捕後之況狀、各校長之會議、北京社會之不平、汪王林等請保釋、教育廳長之辭職、六國飯店之會議、章宗祥之傷勢。其中「學生被捕後之況狀」一則，對我們瞭解被捕學生在獄中的生活狀況，有直接的幫助：

> 各學生被捕入警廳後，前夕即由該廳略加訊問，未有結果。聞廳中對於學生尚不苛待，前夕共騰出房子三間，使三十二人者分居之。而學生則不願分居，仍在一處住。昨日由該廳備飯，每餐分為五桌，每桌坐六人或七人。有前往看視者，學生皆告以我輩在此尚未所苦，惟外交問題如何則極為關念。中有托人帶信，勉勵同學仍以國家為重者，並謂在廳閱報等尚頗自由云。[73]

是否《晨報》記者刻意美化當局，修飾血腥的監獄生活？恐怕未必。在整個五四運動期間，《晨報》始終旗幟鮮明地支持學生、抨擊政府，即便屢被警廳告戒，也仍不改初衷。更何況，這篇報導的基本情節，可在陳獨秀主編的《每週評論》上得到印證。

1919年5月11日的《每週評論》上，發表億萬的〈一周中北京的公民大活動〉，其中述及被捕學生在獄中的遭遇，與《晨報》所言大

同小異：

> 遊緝隊捕幾個人到步軍統領衙門去，很虐待的，曾把他們放在站籠裏登了幾點鐘。當晚十二點鐘送到警察廳去了。巡警、憲兵捕去的稍好些。但是被捕之時，也不免捱幾下打。到警察廳的第一天，很受罪，行動言語都不自由。第二天早晨吳炳湘去看，待遇就好些，可以在院子裏自由活動。第三天給了一份《益世報》。從他們警廳方面看來，也算優待……❼⁴

牢房不比旅店，自是諸多不便。但我想說的是，步軍統領衙門與警察廳，在對待學生的問題上，有相當明顯的差別。孫伏園在〈回憶五四當年〉中稱，被移送警廳後，學生們的情緒開始穩定。「這時同學有一個普遍的心情是：在步軍統領衙門隨時可以被槍斃或殺頭，到京師警察廳以後可能要文明些了。」❼⁵

學生及傳媒為何對警廳頗有怨詞？除了當天在現場，警察廳總監吳炳湘本不想捕人，在曹汝霖的壓力下方才下令鎮壓；第二天吳又親自前往探監，並迅速改善學生待遇——移住較寬大之室、解除談話禁例、贈送報紙以供消遣，以及伙食按警廳科員標準每人每餐費洋一毛有零等❼⁶，還有一點，後人一般不察，即清末民初的「警廳」，其實也屬「新學」。倘若不是長官強令彈壓，警察未必願與學生為敵。

據報稱，吳炳湘之所以主張「優待」被捕學生，是因深知「事體重大」，被捕學生「與尋常罪犯不同」。當然，還必須考慮到，政府對如何處理學潮舉棋不定，社會各界又對濫捕愛國學生紛紛表示抗議，作為警察總監，自然有所忌憚。可為何步軍統領衙門就沒有此等顧忌，可以大打出手？其實，這涉及作為「新學」的警察廳之特殊地位。

民初京城的社會治安，一如清末，由步軍統領衙門和警察廳共同管理。後者乃晚清新政的產物，創設於庚子事變之後，「乃效法近代文明國家而組織之警察機關」。1907年，時任京師大學堂正教習的文學博士服部宇之吉，主編出版了囊括「有關北京的一切事項」的《北京史》。其中提到中國之公堂積弊叢生，而巡警廳的創立，「一掃賄賂之弊端」。強調新設立的「巡警廳」之不同於源遠流長的「刑部」及「步軍統領衙門」，在於其「能精勤其事務，洗雪冤枉，伸理屈辱」，或許太理想化了。但這種依靠「法律條文」——而不是訴諸行政長官的「賢明」或幕友書吏之「智慧」——來管理社會治安的思路及實踐，畢竟透露了強烈的近代氣息。故服部等人對此評價甚高，認為「此乃清國司法事務之可喜現象」。㊆

對待「五四」遊行的學生，步軍統領衙門的虐待與警察廳的相對寬容，並非偶然現象，而是與這兩個暴力機關的不同淵源大有關係。5月8日的《晨報》上，有一則小文，題為〈北京警察之愛國〉，其中有云：「此次逮捕學生一事，警廳舉動極為文明，待遇亦佳，逮諸人釋放後，北京全體學生聯合會特派代表一人，持函前往致謝。」這大概不是「黑色幽默」。如果考慮到參加遊行的13所學校中，還包括內務部直屬的高等警官學校，更不敢將民初的警察說得一無是處。不過，《晨報》記者的社會設計，顯然還是過於理想化。強調警察與學生之互相理解，似乎想表達這麼一種信念：維持秩序與表達民意，各有各的道理，也各有各的權限。果真如此，雙方的舉動，確實「極為文明」。

可惜，北洋政府沒有這種「雅量」，絕不允許年輕的學生挑戰其權威，一開始就決定採取高壓政策，因而激起日益強烈的反彈。於是，學生的思想越來越激進，政府的手段越來越卑鄙，二者互相激盪，最明顯的後果，就是此後入獄的學生，不再像「五四」那次一樣

受到「特別優待」了。不只「斯文掃地」，而且「知識越多越反動」，在很長時間裏，學界成了警廳的重點防範對象。對於一個正常運轉的社會來說，如此強烈的警、學對立，無疑是十分可悲的。

不滿足於只是「紀實報導」，在〈山東問題中之學生界行動〉的結尾部分，熱情洋溢的記者終於跳出現場，縱論起天下大勢：

> 綜觀以上消息，學生舉動誠不免有過激之處，但此事動機出於外交問題，與尋常騷擾不同。群眾集合，往往有逸軌之事，此在東西各國數見不鮮。政府宜有特別眼光，為平情近理之處置，一面努力外交，鞏固國權，謀根本上之解決，則原因既去，必不至再生問題矣。[78]

不幸的是，此後的事實證明，記者以及無數平民百姓的善良願望徹底落空。政府未嘗「謀根本上之解決」，學生舉動也就「不免有過激之處」。需要有一種「特別眼光」，「平情近理」地看待「五四」那天的示威遊行以及此後的無數學潮，《晨報》記者的呼籲，八十年後依然有效。

三、如何進入歷史？

1919年5月20日的《晨報》，報導「北京學生聯合會日前開會決議，從昨日起一律罷課，以為最後的力爭」，並載錄學生的〈罷課宣言〉和〈上大總統書〉。我感興趣的是，上述兩份文件已經正式使用「五四運動」這一概念。前者將五四運動的性質，定義為「外爭國權，內除國賊」；後者則稱曹、章、陸之賣國與攘權，「輿論不足以除奸，法律不足以絕罪」，故「五四運動實國民義憤所趨」[79]。這兩

份文件的作者不詳，倒是5月26日出版的《每週評論》上，羅家倫以筆名「毅」發表〈五四運動的精神〉，開篇即是「什麼叫做『五四運動』呢」。羅文著力表彰學生「奮空拳，揚白手，和黑暗勢力相鬥」的「犧牲精神」，並且預言：「這樣的犧牲精神不磨滅，真是再造中國之元素。」❽

對於這場剛剛興起的運動，國人投入極大的熱情，報刊上的文章幾乎一邊倒，全都認定學生不但無罪，而且有功。而《上海罷市實錄》（6月）、《民潮七日記》（6月）、《上海罷市救亡史》（7月）、《五四》（7月）、《青島潮》（8月）、《學界風潮記》（9月）等書的出版，更令人驚訝出版界立場之堅定、反應之敏捷。

一個正在進行中的群眾運動，竟然得到如此廣泛的支持，而且被迅速「命名」和「定位」，實在罕見。從一開始就被作為「正面人物」塑造的五四運動，八十年來，被無數立場觀點迥異的政客與文人所談論，幾乎從未被全盤否定過。在現實鬥爭中，如何塑造「五四」形象，往往牽涉到能否得民心、承正統，各家各派全都不敢掉以輕心。五四運動的「接受史」，本身就是一門莫測高深的大學問。面對如此撲朔迷離的八卦陣，沒有相當功力，實在不敢輕舉妄動。

於是，退而求其次，不談大道理，只做小文章。相對於高舉經過自家渲染與詮釋的「五四旗幟」，若本文之「小打小鬧」，只能自居邊緣。

邊緣有邊緣的好處，那就是不必承擔全面介紹、評價、反省五四運動的重任，而可以僅就興趣所及，選取若干值得評說的人物與場面，隨意揮灑筆墨。舉個例子，談論「五四」遊行對於中國社會的巨大衝擊，歷來關注的是學生、市民、工人等群體的反應，而我更看重個體的感覺。眾多當事人及旁觀者的回憶錄，為我們進入歷史深處──「回到現場」，提供了絕好的線索。幾十年後的追憶，難保不因時光流

逝而「遺忘」，更無法迴避意識形態的「污染」。將其與當年的新聞報導以及檔案資料相對照，往往能有出乎意料之外的好收穫。

至於「五四」那天下午，在東交民巷的德國醫院裏陪二弟的冰心，從前來送換洗衣服的女工口中，知道街上有好多學生正打著白旗遊行，「路旁看的人擠得水洩不通」[81]；而住在趙家樓附近的鄭振鐸午睡剛起，便聽見有人喊失火，緊接著又看見警察在追趕一個穿著藍布大褂的學生[82]；從什剎海會賢堂面湖的樓上吃茶歸來的沈尹默，走在回家路上，「看見滿街都是水流，街上人說道是消防隊在救趙家樓曹宅的火，這火是北大學生們放的」[83]；學生遊行的消息傳到北京西郊的清華園，聞一多寫了一張岳飛的〈滿江紅〉，當晚偷偷貼在食堂門口[84]……諸如此類生動有趣的細節，在為「五四」那天的遊行提供證詞的同時，也在引導我們進入「觀察者」的位置。這些注重細節的追憶，對於幫助我們「觸摸歷史」，比起從新文化運動或巴黎和會講起的高頭講章，一點也不遜色。

正如孫伏園所說的，「五四運動的歷史意義，一年比一年更趨明顯；五四運動的具體印象，卻一年比一年更趨淡忘了」[85]。沒有無數細節的充實，五四運動的「具體印象」，就難保不「一年比一年更趨淡忘了」。沒有「具體印象」的「五四」，只剩下口號和旗幟，也就很難讓一代代年輕人真正記憶。這麼說來，提供足以幫助讀者「回到現場」的細節與畫面，對於「五四」研究來說，並非可有可無。

古希臘的哲人早就說過，人們無法兩次進入同一條河流。所謂「回到現場」，只能是借助於各種可能採取的手段，努力創造一個「模擬現場」。而創造的「過程」本身，很可能比不盡如人意的「結果」更為迷人。聽學者們如數家珍，娓娓而談，不只告訴你哪些歷史疑案已經揭開，而且坦承好多細節眾說紛紜，暫時難辨真偽。提供如此「開放性的文本」，並非不負責任，而是對風光無限的「回憶史」既欣

賞，又質疑。對於五四運動的當事人來說，「追憶逝水年華」時所面臨的陷阱，其實不是「遺忘」，而是「創造」。事件本身知名度極高，大量情節「眾所周知」，回憶者於是容易對號入座。一次次的追憶、一遍遍的覆述、一回回的修訂，不知不覺中創作了一個個似是而非的精彩故事。先是浮想聯翩，繼而移步變形，最終連作者自己也都堅信不移。面對大量此類半真半假的「五四故事」，丟棄了太可惜，引錄呢，又不可靠。能考訂清楚，那再好不過；可問題在於，有些重要細節，根本就無法復原。「並置」不同說法，既保留豐富的史料，又提醒讀者注意，並非所有的「第一手資料」都可靠。

四、回到五四現場

半個世紀前，俞平伯在《人民日報》上發表〈回顧與前瞻〉，談到作為當事人，「每逢『五四』，北京大學的同學們總來要我寫點紀念文字，但我往往推託著、延宕著不寫」。之所以如此「矜持」，表面的理由是作為「一名馬前小卒，實在不配談這光榮的故事」；可實際上，讓他深感不安的是，關於「五四」的紀念活動，很大程度上已經蛻變成為「例行公事」。

從1920年5月4日《晨報》組織專版紀念文章起，談論「五四」，起碼在北京大學裏，是「時尚」，也是必不可少的「儀式」。如此年復一年的「紀念」，對於傳播五四運動的聲名，固然大有好處；可反過來，又容易使原本生氣淋漓的「五四」，簡化成一句激動人心、簡單明瞭的口號。這可是詩人俞平伯所不願意看到的，於是，有了如下感慨：

在這古城的大學裏，雖亦年年紀念「五四」，但很像官樣文

章，有些朋友逐漸冷卻了當時的熱情，老實說，我也不免如此。甚至於有時候並不能公開熱烈地紀念它。新來的同學們對這佳節，想一例感到欣悅和懷慕罷，但既不曾身歷其境，總不太親切，亦是難免的。⑧⑥

出於對新政權的體認，俞平伯終於改變初衷，開口述說起「五四」來，從此一發而不可收。幾十年間，忠實於自己的感覺，拒絕隨波逐流，基本上不使用大話、空話、套話，使得俞先生之談論「五四」，始終卓然獨立。讀讀分別撰於1959和1979年的〈五四憶往〉、〈「五四」六十周年憶往事〉，你會對文章的「情調」印象格外深刻，因其與同時代諸多「政治正確」的「宏文」味道迥異。

有趣的是，用如此筆墨談論「五四」的，不只俞氏一人；以下所列十位當事人的回憶文章，大都有此傾向，只是作者的「興致」與「才氣」不一定像俞先生那麼高而已。

楊振聲（1890—1956）北京大學學生

〈五四與新文學〉，《五四卅周年紀念專輯》，上海：新華書店，1949年

* 〈從文化觀點上回首五四〉，《觀察》第6卷13期，1950年5月

* 〈回憶五四〉，《人民文學》1954年5月號

孫伏園（1894—1966）北京大學學生

* 〈五四運動中的魯迅先生〉，《中國青年》1953年9期

* 〈回憶「五四」當年〉，《人民文學》1954年5月號

王統照（1897—1957）中國大學學生

〈「五四」之日〉，《民言報》1947年5月4日

＊〈三十五年前的五月四日〉，《人民文學》1954年5月號

許欽文（1897—1984）北京大學偷聽生

＊〈五四時期的學生生活〉，《文藝報》1959年8期

＊〈憶沙灘〉，《文匯報》1959年5月4日

＊〈魯迅在五四時期〉，《人民文學》1979年5期

鄭振鐸（1898—1958）北京鐵路管理學校學生

＊〈前事不忘——記五四運動〉，《中學生》1946年5月號

〈五四運動的意義〉，《民主週刊》29期，1946年5月

〈「人」的發現——為紀念「五四」作〉，《新民晚報》1948年5月4日

＊〈記瞿秋白早年的二三事〉，《新觀察》1955年12期，6月16日

周予同（1898—1981）北京高等師範學校學生

《五四的前夕——悼匡互生兄》，載1933年出版的《追悼匡互生先生專號》，另見《五四運動與北京高師》，北京師範大學出版社，1984年

＊〈五四和六三〉，《解放日報》1959年5月4日

＊〈五四回憶片斷〉，《展望》1959年17期（1979年所撰〈火燒趙家樓〉，大致同此）

聞一多（1899—1946）清華學堂學生

〈五四歷史座談〉，《大路》第5號，1944年

〈「五四」運動的歷史法則〉，《民主週刊》1卷20期，1945年
5月10日

〈「五四」斷想〉，西南聯大「悠悠體育會」《五四紀念特
刊》，1945年5月

俞平伯（1900—1990）北京大學學生

　〈回顧與前瞻〉，《人民日報》1949年5月4日

＊〈五四憶往——談《詩》雜誌〉，《文學知識》1959年5月

　〈「五四」六十周年憶往事〉（十首），《文匯報》1979年5月
4日

冰心（1900—1999）北京協和女子大學學生

＊〈回憶「五四」〉，《人民文學》1959年5月號

　〈回憶五四〉，《文藝論叢》第八輯，上海文藝出版社，
1979年9月

　〈從「五四」到「四五」〉，《文藝研究》創刊號，1979年5
月

川島（1901—1981）北京大學學生

＊〈少年中國學會〉，《北大週刊》1950年5月4日

＊〈五四回憶〉，《文藝報》1959年8期

＊〈五四雜憶〉，《北京文藝》1959年9期

（有＊號者，已收入中國社會科學出版社1979年版《五四運動
回憶錄》及其「續編」，其中不少文章被編者刪節或改題）

五四運動值得紀念，這點毫無疑義；問題在於，採取何種方式更有效。大致說來，有三種策略可供選擇。第一，「發揚光大」──如此立說，唱主角的必定是政治家，且著眼於現實需求；第二，「詮釋歷史」──那是學者的立場，主要面向過去，注重抽象的學理；第三，「追憶往事」──強調並把玩細節、場景與心境，那只能屬於廣義的「文人」。無論在政壇還是學界，前兩者的聲名遠比個人化的「追憶」顯赫；後者因其無關大局，始終處於邊緣，不大為世人所關注。

我之所以特別看重這些個人化的敘述，既基於當事人的精神需求，也著眼後世的知識視野。對於有幸參與這一偉大歷史事件的文人來說，關於「五四」的記憶，永遠不會被時間所銹蝕，而且很可能成為伴隨終身的精神印記。五十年代中期，王統照撰文追憶五四，稱「我現在能夠靜靜地回念三十五年前這一天的經過，自有特殊的興感。即使是極冷靜的回想起來，還不能不躍然欲起」；七十年代末，當來客請周予同講講他參加五四運動的情況時，「他感慨地說：『老了老了！』激動地哭了，很久才平靜下來」❽ 至於聞一多之拍案而起，與其發表追憶五四運動的文章同步；冰心之談論從「五四」到「四五」，更是預示著其進入八十年代以後的政治姿態。可以這麼說，早年參加五四運動的歷史記憶，絕不僅僅是茶餘飯後的談資，更可能隨時召喚出青春、理想與激情。

至於俞平伯所說的「不曾身歷其境」、雖十分仰慕但「總不太親切」的後來者，其進入「五四」的最大障礙，不在理念的差異，而在實感的缺失。作為當事人，孫伏園尚且有「五四運動的具體印象，卻一年比一年更趨淡忘了」的擔憂，從未謀面的後來者，更是難識廬山真面目。借助俞、謝等先輩們瑣碎但真切的「追憶」，我們方才得以比較從容地進入「五四」的規定情境。

　　倘若希望「五四」活在一代代年輕人的記憶中，單靠準確無誤的意義闡發顯然不夠，還必須有真實可感的具體印象。對於希望通過「觸摸歷史」來「進入五四」的讀者來說，俞平伯、冰心等人「瑣碎」的回憶文字，很可能是「最佳讀物」。

　　隨著冰心老人的去世，我們與五四運動的直接聯繫，基本上已不再存在。三、四十年代，活躍在中國政治、學術、文化舞臺上的重要人物，大都與五四運動有直接間接的關聯；五、六十年代，「五四」的當事人依然健在，加上新政權的大力提倡，五四運動的歷史意義家喻戶曉。但隨著時間的推移，我們距離「五四」的規定情境越來越遠，更多地將其作為政治／文化符號來表彰或使用，而很少顧及此「血肉之軀」本身的喜怒哀樂。

　　對過分講求整齊劃一、乾淨俐落的專家論述，我向來不無戒心。引入「私人記憶」，目的是突破固定的理論框架，呈現更加紛紜複雜的「五四」圖景，豐富甚至修正史家的想像。而對於一般讀者來說，它更可能提供一種高頭講章所不具備的「現場感」，誘惑你興趣盎然地進入歷史。當然，歲月流逝，幾十年後的回憶難保不失真，再加上敘述者自身視角的限制，此類「追憶」，必須與原始報導、檔案材料等相參照，方能真正發揮作用。

　　人們常說「以史為鑒」，似乎談論「五四」，只是為了今日的現實需求。我懷疑，這種急功近利的研究思路，容易導致用今人的眼光來剪裁歷史。閱讀八十年來無數關於「五四」的研究著述，感觸良多。假如暫時擱置「什麼是真正的五四精神」之類嚴肅的叩問，跟隨俞平伯等人的筆墨，輕鬆自如地進入歷史，我敢擔保，你會喜歡上「五四」，並進而體貼、擁抱「五四」的。至於如何理解、怎樣評判，那得看各人的立場和道行，實在勉強不得。

　　開列十位當年北京學生的回憶文章（除周予同日後成為學者，餘

者均為作家;川島和許欽文五四運動爆發半年多後才到北京,但仍能感受到那一時代特殊的精神氛圍),目的是讓對「五四」真感興趣的讀者,從當事人的眼光來解讀那一場不只影響二十世紀中國歷史進程、而且註定成為下個世紀長期談論的話題以及重要思想資源的偉大事件。

說白了,我的願望其實很卑微,那便是:讓「五四」的圖景在年輕人的頭腦裏變得「鮮活」起來。

1999年2月至4月於京北西三旗

注釋

❶〈學生團上美公使說帖〉,《晨報》1919年5月6日。

❷〈咳,這是什麼景象〉,《晨報》1919年6月5日。

❸ 只眼(陳獨秀):〈六月三日的北京〉,《每週評論》25號,1919年6月8日。

❹《魯迅全集》第14卷358頁、355頁,北京:人民文學出版社,1981年。

❺《魯迅全集》第14卷358頁、355頁,北京:人民文學出版社,1981年。

❻ 富察敦崇:〈燕京歲時記〉,《帝京歲時紀勝・燕京歲時記》第63頁、64頁,北京:古籍出版社,1981年。

❼ 潘榮陛:〈帝京歲時紀勝〉,《帝京歲時紀勝・燕京歲時記》第18頁、20頁。

❽ 郁達夫:〈北平的四季〉,《北平一顧》,上海:宇宙風社,1936年

❾ 周作人:〈北平的春天〉,《風雨談》,上海:北新書局,1936年。

❿ 楊振聲:〈回憶五四〉,《人民文學》1954年5期。

⓫ 范雲:〈五四那天〉,《北京日報》1957年5月4日。

⓬ 冰心:〈回憶五四〉,《人民文學》1959年5期。

⓭ 王統照:〈三十五年前的五月四日〉,《人民文學》1954年5期。

⓮ 郁達夫:〈北平的四季〉,《北平一顧》,上海:宇宙風社,1936年

⓯ 潘榮陛:〈帝京歲時紀勝〉,《帝京歲時紀勝、燕京歲時記》第18頁、20頁。

⓰ 富察敦崇:〈燕京歲時記〉,《帝京歲時紀勝、燕京歲時記》第63頁、64頁,北京古籍出版社,1981年。

⓱〈本園花信表〉,《中央公園廿五周年紀念刊》122—123頁,北平:中央公園事務所,1939年。

⓲ 孫伏園:〈回憶五四當年〉,《人民文學》1954年5期。

⓳ 周作人:〈北平的春天〉,《風雨談》,上海:北新書局,1936年。

⑳ 王統照：〈三十五年前的五月四日〉，《人民文學》1954年5期。

㉑ 蔡曉舟、楊景工編《五四》，《五四愛國運動》上冊454—455頁，北京：中國社會科學出版社，1979年。

㉒ 靜觀：〈北京專門以上學校新調查〉，《申報》1919年7月12日。

㉓〈上大總統書〉，《晨報》1919年5月7日。

㉔ 侯仁之主編：《北京歷史地圖集》，北京：北京出版社，1988年。

㉕〈北京全體學界通告〉，《晨報》1919年5月5日。

㉖〈北京學生界宣言〉，《時報》1919年5月6日。

㉗ 朱啟鈐：〈中央公園記〉，《中央公園廿五周年紀念刊》131頁。

㉘ 參見《申報》1918年11月16日及《北京大學日刊》1918年11月27日的報導，以及《新青年》5卷5、6號所刊蔡元培、李大釗、陶孟和、胡適等人的演講稿。

㉙ 參見宋憲亭〈五四天安門大會上一副引人注目的對聯之來歷〉，《五四運動與北京高師》，北京：北京師範大學出版社，1984年。

㉚ 蔡曉舟、楊景工編《五四》，《五四愛國運動》上冊454—455頁，北京：中國社會科學出版社，1979年。

㉛ 夏明鋼：〈五四運動親歷記〉，見《五四運動與北京高師》。

㉜ 王統照：〈三十五年前的五月四日〉，《人民文學》1954年5期。

㉝〈五四愛國運動史料〉，《歷史教學》1951年6月號。

㉞ 蔡曉舟、楊景工編《五四》，《五四愛國運動》上冊454—455頁，北京：中國社會科學出版社，1979年。

㉟ 仲芳氏：〈庚子記事〉，收入中國科學院歷史研究所第三所編輯的《庚子記事》（科學出版社，1959）一書。

㊱ 蔡曉舟、楊景工編《五四》，《五四愛國運動》上冊454—455頁，北京：中國社會科學出版社，1979年。

㊲ 楊晦：〈五四運動與北京大學〉，《光輝的五四》，北京：中國青

年出版社，1959年。

㊳ 匡互生：〈五四運動紀實〉，《五四運動回憶錄》，北京：中國社會科學出版社，1979年。

㊴ 熊夢飛：〈憶亡友匡互生〉，《師大月刊》第5期，1933年7月。

㊵ 俞勁：〈對火燒趙家樓的一點回憶〉，《五四運動回憶錄》（續），北京：中國社會科學出版社，1979年。

㊶ 周予同：〈五四回憶片斷〉，《展望》1959年17期。

㊷ 張石樵：〈懷念五四壯士匡互生〉，《五四運動與北京高師》。

㊸ 匡互生：〈五四運動紀實〉，《五四運動回憶錄》，北京：中國社會科學出版社，1979年。

㊹ 王統照：〈三十五年前的五月四日〉，《人民文學》1954年5期。

㊺〈大總統令〉，《晨報》1919年5月8日。

㊻ 匡互生：〈五四運動紀實〉，《五四運動回憶錄》，北京：中國社會科學出版社，1979年。

㊼ 熊夢飛：〈憶亡友匡互生〉，《師大月刊》第5期，1933年7月。

㊽ 周予同：〈五四回憶片斷〉，《展望》1959年17期。

㊾ 俞勁：〈對火燒趙家樓的一點回憶〉，《五四運動回憶錄》（續），北京：中國社會科學出版社，1979年。

㊿ 夏明鋼：〈五四運動親歷記〉，見《五四運動與北京高師》。

51 張石樵：〈懷念五四壯士匡互生〉，《五四運動與北京高師》。

52 陳藎民：〈回憶我在五四運動的戰鬥行列裏〉，《北京師大》1979年5月8日。

53 許德珩：〈五四運動六十周年〉，《五四運動回憶錄》（續），北京：中國社會科學出版社，1979年。

54 初大告：〈五四運動紀實〉，《五四運動與北京高師》。

55 蔡曉舟、楊景工編《五四》，《五四愛國運動》上冊454—455頁，

北京：中國社會科學出版社，1979年。

㊌ 龔振黃編《青島潮》，《五四愛國運動》上冊第168頁。

㊍ 楊晦：〈五四運動與北京大學〉，《光輝的五四》，北京：中國青年出版社，1959年。

㊎ 參閱1919年7月出版的《上海罷市救亡史》，見《五四愛國運動》下冊第236頁，以及周策縱《五四運動：現代中國的思想革命》中譯本第166頁，南京：江蘇人民出版社，1996年。

㊏ 尹明德：〈北京五四運動回憶〉，《五四運動回憶錄》（續）。

㊐ 楊振聲：〈回憶五四〉，《人民文學》1954年5期。

㊑ 范雲：〈五四那天〉，《北京日報》1957年5月4日。

㊒ 許德珩：〈五四運動六十周年〉，《五四運動回憶錄》（續）。

㊓ 蕭勞：〈火燒趙家樓的片斷回憶〉，《五四運動與北京高師》。

㊔ 張石樵：〈懷念五四壯士匡互生〉，《五四運動與北京高師》。

㊕ 俞勁：〈對火燒趙家樓的一點回憶〉，《五四運動回憶錄》（續），北京：中國社會科學出版社，1979年。

㊖ 匡互生：〈五四運動紀實〉，《五四運動回憶錄》，北京：中國社會科學出版社，1979年。

㊗ 1957年第2期《近代史資料》重刊匡互生〈五四運動紀實〉時，附有此段文字，並稱提供材料的是「某先生」；1979年第3輯《新文學史料》再次刊發匡文，方才說明此老同學名周為群。

㊘ 周予同：〈五四回憶片斷〉，《展望》1959年17期。

㊙ 匡互生：〈五四運動紀實〉，《五四運動回憶錄》，北京：中國社科學出版社，1979年。

㊚ 參見1919年9月出版的《學界風潮紀》上編第二節，《五四愛國運動》上冊375頁。

㊛ 陳藎民：〈回憶我在五四運動的戰鬥行列裏〉，《北京師大》1979

年5月8日。

⑫ 許德珩：〈五四運動六十周年〉，《五四運動回憶錄》（續）。

⑬ 〈學生界事件昨聞〉，《晨報》1919年5月6日。

⑭ 億萬：〈一周中北京的公民大活動〉，《每週評論》21號，1919年5月11日。

⑮ 孫伏園：〈回憶五四當年〉，《人民文學》1954年5期。

⑯ 參見《五四》第二章，《五四愛國運動》上冊第456—457頁。

⑰ 《清末北京志資料》（即服部宇之吉主編《北京志》的中譯本）122—123頁，北京：燕山出版社，1994年。

⑱ 〈山東問題中之學生界行動〉，《晨報》1919年5月5日。

⑲ 〈學界風潮越鬧越大〉，《晨報》1919年5月20日。

⑳ 毅（羅家倫）：〈五四運動的精神〉，《每週評論》23號，1919年5月26日。

㉑ 冰心：〈回憶五四〉，《人民文學》1959年5期。

㉒ 鄭振鐸：〈前事不忘〉，《中學生》1946年5月號。

㉓ 沈尹默：〈五四對我的影響〉，《解放日報》1950年5月4日。

㉔ 聞一多：〈五四歷史座談〉，《聞一多全集》第3冊535頁，北京：三聯書店，1982年。

㉕ 孫伏園：〈回憶五四當年〉，《人民文學》1954年5期。

㉖ 俞平伯：〈回顧與前瞻〉，《人民日報》1949年5月4日。

㉗ 參見王統照〈三十五年前的五月四日〉，以及雲複、侯剛〈訪周予同先生〉。

一份雜誌

思想史／文學史視野中的《新青年》

陳獨秀創辦的《青年雜誌》

1919年底，《新青年》為重印前五卷刊登廣告，其中有這麼一句：「這《新青年》，彷彿可以算得『中國近五年的思想變遷史』了。不獨社員的思想變遷在這裏面表現，就是外邊人的思想變遷也有一大部在這裏面表現。」❶這則廣告，應出自《新青年》同人之手，因其與半年前所刊代表群益書社立場的〈《新青年》自一至五卷再版預約〉大不相同，後者只是強調《新青年》乃「提倡新文學，鼓吹新思想，通前到後，一絲不懈，可算近來極有精彩的雜誌」❷；不若前者之立意高邁，直接從思想史角度切入。

四年後，胡適在其主編的《努力週報》上發表〈與高一涵等四位的信〉，既是講述歷史，也在表達志向：

> 二十五年來，只有三個雜誌可代表三個時代，可以說是創造了三個新時代：一是《時務報》；一是《新民叢報》；一是《新青年》。而《民報》與《甲寅》還算不上。❸

胡適並沒解釋為何談論足以代表「一個時代」的雜誌時，不提讀者面很廣的《東方雜誌》或備受史家推崇的《民報》。我的推測是：可以稱得上「創造了」一個時代的雜誌，首先必須有明確的政治立場，這樣方才可能直接介入並影響時代思潮之走向；其次必須有廣泛而且相對固定的讀者群；再則必須有較長的生存時間。依此三者衡量，存在時間很長的《東方雜誌》與生氣淋漓的《民報》，「還算不上」是「代表」並「創造了」一個新時代❹。

十幾年後，思想史家郭湛波正式坐實《新青年》同人的自我期待，稱「由《新青年》可以看他（指陳獨秀——引者按）個人思想的變遷，同時可以看到當時思想界的變遷」❺。此後，從思想史的角度來評述《新青年》，成為學界的主流聲音。政治立場迥異的學者，在

論述《新青年》的歷史意義時，居然能找到不少共同語言——比如同樣表彰其對於「民主」與「科學」的提倡等❻。可作為一代名刊的《新青年》，畢竟不同於個人著述；如何在思想史、文學史、報刊史三者的互動中，理解其工作程式並詮釋其文化／文學價值❼，則有待進一步深入開掘。

陳獨秀主編的《青年雜誌》創刊於1915年9月15日；第二卷起改題《新青年》，雜誌面貌日漸清晰。《新青年》第二卷最後一期出版時（1917年2月），陳獨秀已受聘為北京大學文科學長，故第三卷起改在北京編輯，出版發行則仍由上海群益書社負責。1920年春，陳獨秀因從事實際政治活動而南下，《新青年》隨其遷回上海，後又遷至廣州，1922年7月出滿九卷後休刊。1923至1926年間出現的季刊或不定期出版物《新青年》，乃中共中央的理論刊物，不再是新文化人的同人雜誌。故談論作為五四新文化「經典文獻」的《新青年》，我主張僅限於前九卷。

是否將瞿秋白主編的季刊或不定期出版物《新青年》納入考察視野，牽涉到對該刊的宗旨、性質、人員構成以及營運方式的理解，將在以下的論述中逐漸展開。

一、 同人雜誌「精神之團結」

談論作為一代名刊的《新青年》，首先必須將其置於晚清以降的報刊大潮中，方能理解其成敗得失。不僅是主編陳獨秀，幾乎所有主要作者，在介入《新青年》事業之前，都曾參與報刊這一新生的文化事業，並多有歷練。廣為人知的，如陳獨秀辦《安徽俗話報》、蔡元培辦《警鐘日報》、吳稚暉辦《新世界》、章士釗辦《甲寅》、錢玄同辦《教育今語雜誌》、馬君武協辦《新民叢報》，高一涵編《民彝》、

李大釗編《言治》、胡適編《競業旬報》、劉叔雅編《民立報》、吳虞編《蜀報》，以及謝無量任《京報》主筆、蘇曼殊兼《太平洋報》筆政、劉半農為《小說界》撰稿、周氏兄弟為《河南》、《浙江潮》、《女子世界》等撰稿並積極籌備《新生》雜誌。周策縱曾提醒我們注意，「《新青年》是在中國近代第一份中文刊物出現整整一百年後創刊的」❽，言下之意是必須關注晚清的辦報熱潮。這個提醒無疑是必要的，尤其對於刻意拔高《新青年》在報刊史上意義的流行思路，更有反撥作用。可我更願意指出，中國知識者大量介入新興的報刊事業，是戊戌變法前後方才開始的。《新青年》的作者群及編輯思路，與《清議報》、《新民叢報》、《民報》、《甲寅》等清末民初著名報刊，有著千絲萬縷的聯繫。也就是說，陳獨秀等人所開創的事業，並不是建基於一張「可畫最新最美圖畫」的白紙，而是在已經縱橫交錯的草圖上刪繁就簡、添光加彩。如果承認這一點，我們努力尋覓的，便不是一般意義上的編輯技巧，而是陳獨秀們如何修正前人的腳步，以便更有效地使用此一「傳播文明之利器」。

清末民初迅速崛起的報刊，已經大致形成商業報刊、機關刊物、同人雜誌三足鼎立的局面。不同的運作模式，既根基於相左的文化理念，也顯示不同的編輯風格。注重商業利益的《申報》、《東方雜誌》等，一般來說眼觀六路，耳聽八方，立論力求「平正通達」；代表學會、團體或政黨立場的《新民叢報》、《民報》等，橫空出世，旗幟鮮明，但容易陷於「黨同伐異」；至於晚清數量極多的同人雜誌，既追求趣味相投，又不願結黨營私，好處是目光遠大，胸襟開闊，但有一致命弱點，那便是缺乏穩定的財政支持，且作者圈子太小，稍有變故，當即「人亡政息」。

陳獨秀之創辦《新青年》，雖然背靠群益書社，有一定的財政支持❾，但走的是同人雜誌的路子，主要以文化理想而非豐厚稿酬來聚

集作者。前三卷的〈投稿簡章〉規定，稿酬每千字2至5元，這在約略同期的書刊中，屬於中等水平❿；第四卷開始，方才取消所有稿酬，改由同人自撰。四卷三號的《新青年》上，赫然印著《本誌編輯部啟事》：

> 本誌自第四卷一號起，投稿章程，業已取消。所有撰譯，悉由編輯部同人，公同擔任，不另購稿。⓫

這固然表明雜誌對於自家能力的極端自信，更凸顯同人做事謀義不謀利的情懷。

晚清以降，不乏具有如此高尚情懷的讀書人，只是同人之間，難得有持之以恆的精誠合作。《新青年》的成功，很大程度得益於大批第一流知識者的積極參與。在吸納人才方面，主編陳獨秀有其獨得之秘。前期的利用《甲寅》舊友，後期的依賴北大同事，都是顯而易見的高招。以至日後談論《新青年》，單是羅列作者名單，便足以讓人心頭一振。

《新青年》乃陳獨秀獨力創辦的雜誌，第二、三卷的封面甚至標明「陳獨秀先生主撰」；但《新青年》從來不是個人刊物，始終依賴眾多同道的支持。1915年9月15日創辦的《青年雜誌》，草創之初，帶有明顯的《甲寅》印記，自家面目並不突出。經過短暫休刊，調整了編輯方針並改名為《新青年》，方才給人耳目一新的感覺。二卷一號的《新青年》上，有兩則通告，第一則是：

> 自第二卷起，欲益加策勵，勉副讀者諸君屬望，因更名為《新青年》。且得當代名流之助，如溫宗堯、吳敬恒、張繼、馬君武、胡適、蘇曼殊諸君，允許關於青年文字，皆由本誌發表。

　　嗣後內容，當較前尤有精彩。此不獨本誌之私幸，亦讀者諸君
　　文字之緣也。⓬

聰明絕頂的陳獨秀，將因刊名雷同而不得不重起爐灶這一不利因素，
說成是因應讀者要求而改名，且由此引申出新舊青年如何具天壤之
別，不可同日而語⓭，刻意製造雜誌的「全新」面貌。此舉不但博得
當年讀者的極大好感，也讓後世的史家馬失前蹄⓮。

　　此「通告」開列的撰稿人名單，僅限於第二卷新加盟者，第一卷
就有出色表現的高一涵、易白沙、高語罕、劉叔雅、謝無量等不在此
列。預告即將出場的「當代名流」中，除張繼落空外，其他各位均不
曾食言。倒是當初沒有預告，但在第二卷中漸露崢嶸的李大釗、劉半
農、楊昌濟、陶履恭、吳虞等，給人意外的驚喜。稍稍排列，不難發
現，到第二卷結束時，日後名揚四海的《新青年》，其作者隊伍已基
本成型。

　　至於後人記憶中英才輩出的《新青年》作者群，尚未出場的，基
本上是北大教授。1936年上海亞東圖書館重印《新青年》前七卷，其
〈重印《新青年》雜誌通啟〉，開列了一大串值得誇耀的作者：

　　如胡適、周作人、吳稚暉、魯迅、錢玄同、陳獨秀、劉半農、
　　蘇曼殊、蔡元培、沈尹默、任鴻雋、唐俟、馬君武、陳大齊、
　　顧孟余、陶孟和、馬寅初等。

這自然是按書店老闆的眼光來編排，有許多策略性考慮。以第二卷方
才加盟的胡適打頭，可見其時胡氏聲望之高；將創始人陳獨秀夾在中
間，則是因陳氏正服刑獄中，不好過分宣揚。至於「唐俟」乃周樹人
的另一筆名，不該與「魯迅」重複，尚屬小錯；曾輪流主編的六君子

中，竟然遺漏了李大釗和高一涵二位，實在不可饒恕。即便如此，一個雜誌，能開列如此壯觀的作者隊伍，還是令後人歆羨不已。

更值得關注的是，這些日後真的成為「當代名流」的作者，是如何在恰當的時機恰當的地點「粉墨登場」的。第一卷的作者，多與主編陳獨秀有密切的個人交往；第二卷開始突破皖籍為主的局面，但仍以原《甲寅》、《中華新報》的編輯和作者為骨幹❶。第三卷起，作者隊伍迅速擴張，改為以北京大學教員為主體。此中關鍵，在陳獨秀應聘出任北大文科學長，以及《新青年》編輯部從上海遷到北京。

作為同人雜誌，《新青年》之所以敢於公開聲明「不另購稿」，因其背靠當時的最高學府「國立北京大學」。第三至七卷的《新青年》，絕大部分稿件出自北大師生之手。至於編務，也不再由陳獨秀獨力承擔。第六卷的《新青年》，甚至成立了由北大教授陳獨秀、錢玄同、高一涵、胡適、李大釗、沈尹默六人組成的編委會，實行輪流主編❶。

比起晚清執思想界牛耳的《新民叢報》、《民報》等，《新青年》的特異之處，在於其以北京大學為依託，因而獲得豐厚的學術資源。創刊號上刊載的〈社告〉稱：「本誌之作，蓋欲與青年諸君商榷將來所以修身治國之道」；「本誌於各國事情學術思潮盡心灌輸」；「本誌執筆諸君，皆一時名彥」❶，以上三點承諾，在其與北大文科攜手後，變得輕而易舉。晚清的新學之士，提及開通民智，總是首推報館與學校。二者同為「教育人才之道」、「傳播文明」之「利器」❶，卻因體制及利益不同，無法珠聯璧合。蔡元培之禮聘陳獨秀與北大教授之參加《新青年》，乃現代史上具有里程碑性質的大事。正是這一校一刊的完美結合，使新文化運動得以迅速展開。

以北大教授為主體的《新青年》同人，是個有共同理想、但又傾向於自由表述的鬆散團體。談論報刊與大學的合作，有一點必須注意

——《新青年》從來不是「北大校刊」。六卷二號的《新青年》上，有一則重要啟事：

> 近來外面的人往往把《新青年》和北京大學混為一談，因此發生種種無謂的謠言。現在我們特別聲明：《新青年》編輯和做文章的人雖然有幾個在大學做教員，但是這個雜誌完全是私人的組織，我們的議論完全歸我們自己負責。和北京大學毫不相干。此布。 ⑲

如此辯解，並非「此地無銀三百兩」。有針對保守派的猛烈攻擊，希望減輕校方壓力的策略性考慮；但更深層的原因，恐怕還在於堅持以「雜誌」為中心，不想依附其他任何勢力。

同是從事報刊事業，清末主要以學會、社團、政黨等為中心，基本將其作為宣傳工具來利用；民初情況有所改變，出版機構的民間化、新式學堂的蓬勃發展，再加上接納新文化的「讀者群」日漸壯大，使得像《新青年》這樣運作成功的報刊，除了社會影響巨大，本身還可以盈利⑳。因此，眾多潔身自好、獨立於政治集團之外的自由知識者，借報刊為媒介，集合同道，共同發言，形成某種「以雜誌為中心」的知識群體㉑。

到了這一步，「同人雜誌」已超越一般意義上的大眾傳媒，而兼及社會團體的動員與組織功能。世人心目中的「《新青年》同人」，已經不僅僅是某一雜誌的作者群，而是帶有明顯政治傾向的「文化團體」。看看1921年初因雜誌是否遷回北京所引發的爭論中，《新青年》同人如何反對分裂，惟恐「破壞《新青年》精神之團結」㉒，可見此群體內部的凝聚力。

一旦成為「團體」或「準團體」，雜誌的個人色彩以及主編的控

制能力，必然明顯下降。《新青年》前三卷各號的頭條，均為陳獨秀
所撰；從第四卷開始，陳獨秀的文章不再天然地獨佔鰲頭。之所以由
「陳獨秀先生主撰」變成諸同人「共同編輯」，主要不是因文科學長太
忙，而是作者群迅速擴大的結果。對於辦刊者來說，面臨兩難的局
面：廣招天下豪傑，固然有利於壯大聲勢；可眾多「當代名流」集合
於此，又不可避免會削弱主編的權威。據周作人日記，1919年10月5
日，《新青年》同人在胡適家聚會，商討編輯事宜，結論是：「自七
卷始，由仲甫一人編輯。」㉓儘管真正實行輪流主編的只有第六卷，
但只要雜誌還在北京，陳獨秀必定受制於同人，無法像當初「主撰」
時那樣特立獨行。之所以將《新青年》移回上海，有北京輿論環境惡
化的原因，但也與陳獨秀在京時被同人感情捆住手腳，無法實施改革
方案有關。

　　與北大文科的聯手，既是《新青年》獲得巨大成功的保證，也是
其維持思想文化革新路向的前提。重歸上海後的《新青年》，脫離了
北大同人的制約，成為提倡社會主義的政治刊物。1920年9月1日出版
的《新青年》八卷一號，被改組為中國共產黨上海發起組的機關刊
物，與群益書社脫離關係，另組「新青年社」辦理編輯、印刷和發行
事務。不久，陳獨秀南下廣州，將《新青年》委託給與北京諸同人
「素不相識」的陳望道來主編，這更激怒了胡適等㉔。

　　除了壓在紙背的個人意氣之爭，第八、九卷的編輯方針確實與此
前大相徑庭，難怪北京諸同人要緊急商議。比如，八卷一至六號以及
九卷三號連續編發的「俄羅斯研究」，集中介紹蘇俄的政治、經濟、
社會教育、女性地位等，共收文35篇。胡適抱怨「今《新青年》差不
多成了 *Soviet Russia* 的漢譯本」㉕，有「道不同不相與謀」的意味；
可如此明顯的黨派意識，確實有違「同人雜誌」宗旨㉖。此前的《新
青年》，也曾提倡「馬克思學說」，或者鼓吹「勞工神聖」，可始終將

其局限在思想文化層面。而且，作為整體的雜誌，各種主義相容並包。而今，「眾聲喧嘩」轉為「一枝獨秀」，獨立知識份子的思考，被堅定的政黨立場所取代，《新青年》因而面目全非。

作為一本曾在中國思想文化界獨領風騷的雜誌，《新青年》完全有權利適應時代需要，及時調轉方向，以便繼續保持其「新銳地位」。問題在於，《新青年》的這一轉向，逐漸失去「同人雜誌」的特色。八、九兩卷的《新青年》中，雖繼續刊發胡適、魯迅、周作人、劉半農以及後起的陳衡哲、俞平伯等人作品，但屬於不太要緊的詩文及小說；唱主角的，已變成周佛海、陳公博、李季、李達等左派論述，以及有關蘇俄文件的譯介。即便如此，由於胡適等人作品的存在，第八、九卷的《新青年》，依然具有「統一戰線」的表面形式，可以算作此前事業的延續。至於1923—1926年間陸續刊行的季刊或不定期《新青年》，作為中共機關刊物，著力介紹列寧和史達林著作，自有其價值；但已經與此前的「同人雜誌」切斷最後一絲聯繫，應另立門戶加以論述 ㉗。

假如以「同人雜誌」來衡量㉘，在正式出版的九卷五十四期《新青年》中，依其基本面貌，約略可分為三個階段，分別以主編陳獨秀1917年春的北上與1920年春的南下為界標。因編輯出版的相對滯後，體現在雜誌面貌上的變化，稍有延宕。大致而言，在上海編輯的最初兩卷，主要從事社會批評，已鋒芒畢露，聲名遠揚。最後兩卷著力宣傳社會主義，傾向於實際政治活動，與中國共產黨的創建頗有關聯。中間五卷在北京編輯，致力於思想改造與文學革命，更能代表北京大學諸同人的趣味與追求。

二、「仍以趨重哲學文學為是」

1920年初，陳獨秀欣喜於新文化運動的順利展開，但對時人之「富於模仿力」，競相創辦大同小異的雜誌不以為然，因而借談論新出版物的缺點，表述自家辦刊體會：

> 凡是一種雜誌，必須是一個人一團體有一種主張不得不發表，才有發行底必要；若是沒有一定的個人或團體負責任，東拉人做文章，西請人投稿，像這種「百衲」雜誌，實在是沒有辦的必要，不如拿這人力財力辦別的急著要辦的事。㉙

「雜誌」之不同於「著作」，其最大特色本在於「雜」──作者眾多、文體迥異、立場不求一致；為何陳獨秀看不起那些「東拉人做文章，西請人投稿」的辦刊方式？就因為在他看來，理想的雜誌必須具備兩大特徵：一是「有一種主張不得不發表」，一是「有一定的個人或團體負責任」。後者指向同人雜誌的形式，前者則凸顯同人雜誌的精神。

《新青年》之所以能吸引那麼多目光，關鍵在於其「有一種主張不得不發表」，故態度決絕，旗幟鮮明。那麼，到底什麼是《新青年》同人「不得不發表」的「主張」呢？這牽涉到《新青年》的另一特色：有大致的路向，而無具體的目標。可以這麼說，作為民初乃至整個二十世紀中國影響最大的思想文化雜誌，《新青年》的發展路徑不是預先設計好的，而是在運動中逐漸成型。因此，與其追問哪篇文章更多地隱涵著其理論主張與生存密碼，不如考察幾個至關重要的關節點。

創刊號上的〈社告〉，除了表明雜誌的擬想讀者為「青年」，以及「本誌於各國事情學術思潮盡心灌輸，可備攻錯」㉚，其他幾點，屬

於具體的編輯技巧。要說辦刊理想,陳獨秀撰寫的雜誌「頭條」〈敬告青年〉,倒有幾分相似。對於新時代「青年」應有的六點陳述——「自主的而非奴隸的」、「進步的而非保守的」、「進取的而非退隱的」、「世界的而非鎖國的」、「實利的而非虛文的」、「科學的而非想像的」**❸❶**,最有新意的,當屬首尾二者。首倡「人權平等之說」,希望借此「脫離夫奴隸之羈絆」;尾稱「舉凡一事之興,一物之細,罔不訴之科學法則」。二者合起來,便是日後家喻戶曉的「德先生」與「賽先生」的雛形:

> 國人而欲脫蒙昧時代,羞為淺化之民也,則急起直追,當以科學與人權並重。**❸❷**

比起第二年為雜誌改名而作的〈新青年〉一文來,這篇〈敬告青年〉更值得注意。前者雖常被作為「準發刊詞」解讀,但其激情澎湃,聲調鏗鏘,屬於沒有多少實際內容的宣傳鼓動文字**❸❸**;不若後者之體大思精,日後大有發展餘地。

　　1919年1月,新文化運動如火如荼,為對抗社會上日益增加的譏罵與嘲諷,陳獨秀撰〈本誌罪案之答辯書〉,坦然承認世人對於《新青年》「破壞禮教」等罪名的指責。接下來的辯解,正是刊物所「不得不發表」的「主張」:

> 但是追本溯源,本誌同人本來無罪,只因為擁護那德莫克拉西(Democracy)和賽因斯(Science)兩位先生,才犯了這幾條滔天的大罪。要擁護那德先生,便不得不反對禮教,禮法,貞節,舊倫理,舊政治。要擁護那賽先生,便不得不反對舊藝術,舊宗教。要擁護德先生又要擁護賽先生,便不得不反對國

粹和舊文學。大家平心細想，本誌除擁護德賽兩先生之外，還有別項罪案沒有呢？若是沒有，請你們不用專門非難本誌，要有力氣有膽量來反對德賽兩先生，才算是好漢，才算是根本的辦法。㉞

認定只有德、賽二先生可以救治中國政治上、道德上、學術上、思想上一切的黑暗，陳獨秀代表雜誌同人宣誓：「若因為擁護這兩位先生，一切政府的壓迫，社會的攻擊笑罵，就是斷頭流血，都不推辭。」㉟

　　這兩段文字見解精闢、表述生動，常為史家所徵引。其實，除「德賽兩先生」之外，《新青年》同人再也找不到「共同的旗幟」。《新青年》上發表的文章，涉及眾多的思想流派與社會問題，根本無法一概而論。以《新青年》的「專號」而言，「易卜生」、「人口問題」與「馬克思主義研究」，除了同是新思潮，很難找到什麼內在聯繫。作為思想文化雜誌，《新青年》視野開闊，興趣極為廣泛，討論的課題涉及孔子評議、歐戰風雲、女子貞操、羅素哲學、國語進化、科學方法、偶像破壞以及新詩技巧等。可以說，舉凡國人關注的新知識、新問題，「新青年」同人都試圖給予解答。因此，只有這表明政治態度而非具體學術主張的「民主」與「科學」，能夠集合起眾多壯懷激烈的新文化人。

　　《新青年》同人第一次公開表明「公同意見」，遲至1919年12月。這篇刊於七卷一號上的〈本誌宣言〉，顯然是各方意見折中的產物。開篇之莊嚴肅穆，令人不能不聳起脊樑、打起精神認真傾聽：

　　本誌具體的主張，從來未曾完全發表。社員各人持論，也往往不能盡同。讀者諸君或不免懷疑，社會上頗因此發生誤會。現

73

> 當第七卷開始，敢將全體社員的公同意見，明白宣佈。就是後
> 來加入的社員，也公同擔負此次宣言的責任。

如此「明白宣佈」，而且要求後來者也得承擔「此次宣言的責任」，不
大像是同人雜誌的作為，倒有點「歃血為盟」的意味。好在以下的具
體論述，涉及的領域極為寬廣，包括政治、道德、科學、藝術、宗
教、教育、文學的改革創新，以及破除迷信思想，維護女子權利等，
盡可各取所需。

此宣言中，真正有意義的是以下兩點：一是表明雜誌同人破舊立
新的強烈願望，再就是表明對於政黨政治的拒絕。前者乃新文化人的
共同姿態，不難做到「宣言」所期待的「實驗我們的主張，森嚴我們
的壁壘」。後者則是個極有爭議的話題——當初立說本就含混不清，日
後更是眾說紛紜。因其牽涉到對於《新青年》辦刊宗旨的確認，值得
認真辨析：

> 我們主張的是民眾運動社會改造，和過去及現在各派政黨，絕
> 對斷絕關係。
> 我們雖不迷信政治萬能，但承認政治是一種重要的公共生活；
> ……至於政黨，我們也承認他是運用政治應有的方法；但對於
> 一切擁護少數人私利或一階級利益，眼中沒有全社會幸福的政
> 黨，永遠不忍加入。㊱

有意思的是，借發表「全體社員的公同意見」，來彌合同人間本就存
在的縫隙，不只沒有實際效果，反而使得矛盾進一步公開化。隨後不
久發生的刊物轉向，使得此一「信誓旦旦」顯得有點滑稽。

對《新青年》的轉向政治運作，直接表示異議的，乃年少氣盛的

胡適。1921年1月，胡適寫信給《新青年》諸編委，希望支持其「注重學術思想」的路向，並「聲明不談政治」；實在不行，則「另創一個專管學術文藝的雜誌」。仍在北京的胡適、魯迅、周作人、錢玄同等，與遠走上海、廣州，積極投身社會革命的陳獨秀，對《新青年》的期待明顯不同。就像周氏兄弟所說的，既然「不容易勉強調和統一」，也就只好「索性任他分裂」了❸ 。天下沒有不散的筵席，文化轉型期的分化與重組，更屬正常現象。《新青年》同人中本就存在著不同的聲音，既有基於政治理想的分歧（如對待蘇俄的態度），也因其文化策略的差異（如是否直接參政）。五四運動後社會思潮的激盪以及學界的日益激進，使得引領風騷的《新青年》很難再局限於大學校園。

在這場意味深長的論爭中，始作俑者的胡適❸ ，其態度廣為人知。值得注意的，倒是其他幾位的立場。在胡適要求諸同人表態的信上，錢玄同留下這麼一段話：「我以為我們對於仲甫兄的友誼，今昔一樣，本未絲毫受傷。但《新青年》這個團體，本是自由組合的，即此其中有人彼此意見相左，也只有照『臨時退席』的辦法，斷不可提出解散的話。」❸ 三天後，意猶未盡的錢玄同給胡適寫了一封私人信件，更清晰地表明了自己的立場：

> 因為《新青年》的結合，完全是彼此思想投契的結合，不是辦公司的結合。所以思想不投契了，盡可宣告退席，不可要求別人不辦。換言之，即《新青年》若全體變為《蘇維埃俄羅斯》的漢譯本，甚至於說這是陳獨秀、陳望道、李漢俊、袁振英等幾個人的私產，我們也只可說陳獨秀等辦了一個「勞農化」的雜誌，叫做《新青年》，我們和他全不相干而已，斷斷不能要求他們停板。❹

設想同人分手但不傷感情，這幾乎不可能，因涉及到眾人好不容易打拼出來的《新青年》這一「金字招牌」。錢氏要求大家尊重創辦者陳獨秀的個人選擇，「私產」二字雖然下得很重，可也不無道理。無論胡適等人如何認定《新青年》已經成為「公共財產」，仍無法抹去創辦者強烈的個人印記。有意思的是，錢氏強調原先彼此的結合，乃基於「思想投契」。此乃《新青年》當初之得以迅速崛起、以及今日之分道揚鑣的根本原因。想清楚了這一點，錢玄同認同周氏兄弟的主張：「與其彼此隱忍遷就的合作，還是分裂的好。」

以魯迅的思想深邃、目光如炬，當然明白胡適為保護《新青年》而提出的「聲明不談政治」是何等的天真——無論你如何韜光養晦，自有嗅覺靈敏的御用文人出來「戳穿偽裝」。既然如此，何必束縛住自己的手腳？「這固然小半在『不甘示人以弱』，其實則凡《新青年》同人所作的作品，無論如何宣言，官場總是頭痛，不會優容的。」如此帶有明顯魯迅個人風格的雜文筆調，接下來的，竟是抒情味十足的祈使句：

> 此後只要學術思想藝文的氣息濃厚起來——我所知道的幾個讀者，極希望《新青年》如此，——就好了。❹

畢竟是國學大師章太炎的弟子，而且其時正撰寫一代名著《中國小說史略》，雖然話說得很委婉，魯迅顯然也不希望《新青年》轉變為一份純粹的政治讀物。日後，出於對某些「名人學者」喜歡借吹噓學術崇高來打擊青年學生的愛國熱情，魯迅經常故意對「學者」和「學問」表示不屑與不恭。但上引這段話，起碼讓我們明白，對於「學術思想藝文」，魯迅骨子裏還是很尊崇敬重的❹。

在給胡適的信中，陳獨秀稱：「《新青年》色彩過於鮮明，弟近

亦不以為然」，而且表示同意「以後仍以趨重哲學文學為是」❹，但拒絕將《新青年》遷回北京。對於雜誌該不該介入實際政治，陳獨秀的態度有過搖擺。早年的「批評時政，非其旨也」，以及「從事國民運動，勿囿於黨派運動」❹，並非只是策略考慮；不管是孔教問題的論爭，還是文學革命的提倡，在這些「趨重哲學文學」的話題上，陳獨秀都更能發揮其「老革命黨」的長處。關心國家命運，但從改革思想文化的角度切入——這種「大政治」的眼光，本是《新青年》同人的共識。不見得都像胡適那樣，「打定二十年不談政治的決心」，陳獨秀、李大釗、高一涵等明顯比胡適更關心現實政治；但「要想在思想文藝上替中國政治建築一個革新的基礎」❹，確實形成了前七卷《新青年》的主導方向。

陳獨秀身上強烈的「老革命黨」氣質，與胡適借思想文化解決問題的思路，著眼點明顯有異，這就埋下了日後分裂的種子。同樣都想拯世濟民，問題在於，從何處入手可行、更有效。在已經投身實際政治運動的陳獨秀看來，依舊固守校園的書生，其見解即便不是完全錯誤，也都顯得有點迂腐。陳獨秀之所以拒絕將《新青年》移回北京，「老實說是因為近來大學空氣不太好」❹。話說到這份上，再無迴旋的餘地。政治家對於刊物的使命，另有一番詮釋；再說，一旦成為「機關報」，必須服從集團利益，與當初的書生議政大不一樣。這樣的抉擇，甚至不再是陳獨秀個人所能一力主宰的了。

只要還在北京，北大教授們相互制約，《新青年》必然以學理探討為主；一旦轉移到上海，情勢大變，不可能回到「趨重哲學文學」的老路。爭論刊物辦在北京還是上海，對於《新青年》來說，關係十分重大。以學院為根基，還是以社會為背景，二者幾乎決定了其辦刊方針與論述策略。正是在這個意義上，我傾向於將陳獨秀的北上、南下作為《新青年》發展三階段的標誌。

1918年底《每週評論》的創刊，已開北大學人議政的先河；《新青年》八、九卷的轉向，其實並不十分突然。只是因五四運動爆發，形勢急轉直下，知識者直接參政的熱情迅速膨脹。而陳獨秀作為中國共產黨的創始人，對於《新青年》之由思想評論轉為政治宣傳，起決定性作用。雖然有了日後的分裂，綜觀一至九卷的《新青年》，其基本立場仍屬於「有明顯政治情懷的思想文化建設」。這一點，既體現在「民主」與「科學」這樣響徹雲霄的口號，也落實在「新文化」與「文學革命」的實績。也就是說，在我看來，《新青年》的意義，首先在思想史，而後才是文學史、政治史等。換句話說，《新青年》的主導傾向，是在思想史的視野中，從事文學革命與政治參與。

三、 以「運動」的方式推進文學事業

以思想文化革新為主旨的《新青年》，從一開始就著意經營文學作品。第一卷只有屠格涅夫小說〈春潮〉、〈初戀〉以及王爾德「愛情喜劇」〈意中人〉的中譯本，另加若干謝無量的舊體詩，實在是乏善可陳。第二卷雖有蘇曼殊的小說、劉半農的筆記加盟，也都沒有根本性變化。第三卷起，《新青年》在文學創作方面的成績，方才令人刮目相看。胡適、沈尹默、劉半農、周作人、俞平伯、康白情等競相「嘗試」新詩，陳衡哲、胡適、陳綿等「練習」話劇寫作，最令人興奮的，當屬魯迅的出場——其刊於《新青年》上的短篇小說〈狂人日記〉、〈孔乙己〉、〈藥〉、〈風波〉、〈故鄉〉等，至今仍是中國現代短篇小說的經典之作。與其他新文學家有開創之功、但藝術技巧幼稚不同，作為小說家的魯迅，一出手便博得滿堂彩。至於將正襟危坐的「政論」，改造成寸鐵殺人的「隨感」，開啟了現代中國的「雜文時代」，更是《新青年》的一大功績。但有一點不該忘記，《新青年》

上刊發的文學作品，是在「文學革命」大旗下展開的——即便特立獨行的魯迅，其小說創作也有「聽將令」的成分❹。

陳獨秀本人並不擅長詩文小說，可作為主編，卻對編發文學作品保有濃厚的興趣。從創刊號起，《新青年》每期都有著譯的小說、詩歌、戲劇等；頭兩卷顯得捉襟見肘，但還是堅持下來了。中間五卷有北大師生撐腰，其有關「新文學」的提倡與實踐，蔚為奇觀。八、九兩卷雖側重蘇俄文化宣傳，也沒有停止刊發新文化人的小說、詩歌。如此重視文學，包含《新青年》同人的苦心孤詣，但也與晚清開創的報刊體例大有關係。

1872年創辦的《申報》上，已在新聞與論說之外，為「騷人韻士」的竹枝詞、長歌短賦等預留了天地❹。此後，只要你辦報辦刊，無論是綜合類，還是以時事、學術、科學為中心，一般都會騰出一定篇幅，用來刊發文學作品。之所以大家都勉為其難地非要「文學」不可，基於以下幾點考慮：第一，吸引讀者；第二，作為改良群治的工具；第三，傳播新知（即介紹西洋的文學藝術）；第四，如果可能的話，促成文學革命。四者兼及，最成功的例子，莫過於梁啟超的提倡詩界革命、文界革命和小說界革命。其他報刊，限於自身能力或機遇，只好在某一層面上做文章。

陳獨秀撰於1904年的〈論戲曲〉，基本上沿襲梁啟超的思路，不外國事危急，須著力開通民智；辦學堂嫌學生太少，開報館又碰上國人識字不多，惟有戲曲改良，乃「開通風氣第一方便的法門」。此文有新意處，在於開列改良戲曲的五種途徑：「要多多的新排有益風化的戲」；「可以採用西法，戲中夾些演說，大可長人見識」；「不唱神仙鬼怪的戲」；「不可唱淫戲」；「除去富貴功名的俗套」❹。十年後重做馮婦，已經走出「改良戲曲」的陳獨秀，主張徑直以歐洲文學為榜樣，重塑中國文學形象。〈現代歐洲文藝史譚〉先是開列「歐

洲文藝思想之變遷」，如何從「古典主義」到「理想主義」到「寫實主義」，再到「自然主義」，隱含著以最新潮流「自然主義」改造中國文學的思路。接下來關於文體等級的排列，隱約還能見到十年前注重「開通風氣」的影子：

> 現在歐洲文壇第一推重者，厥唯劇本。詩與小說，退居第二流。以其實現於劇場，感觸人生愈切也。至若散文，素不居文學重要地位。㊿

從強調文學的教化作用，到突出歐洲文學榜樣，這一變化，很能體現清末民初兩代人思考方式的差異。梁啟超等人也引泰西成例，但立足點在於傳統的教化說；陳獨秀等也會談論文學如何有益於國計民生，但更強調對於歐洲文藝的學習與借鑒。

接過胡適溫和的「改良芻議」，陳獨秀以其一貫的決絕口吻，將其上升到你死我活的「革命論」。其攻擊傳統中國的貴族文學、古典文學、山林文學的基本立場，在於「今日莊嚴燦爛之歐洲」。以下這段激情洋溢的論述，將時人推崇的明之前後七子以及追摹唐宋八大家的歸、方、劉、姚稱為「十八妖魔」，並將其置於由歐洲文學經典鍛造的「四十二生的大炮」的猛烈轟擊下：

> 予愛盧梭、巴士特之法蘭西，予尤愛虞哥、左喇之法蘭西；予愛康德、赫克爾之德意志，予尤愛桂特、郝卜特曼之德意志；予愛倍根、達爾文之英吉利，予尤愛狄鏗士、王爾德之英吉利。吾國文學界豪傑之士，有自負為中國之虞哥、左喇、桂特、郝卜特曼、狄鏗士、王爾德者乎？有不顧迂儒之毀譽，明目張膽以與十八妖魔宣戰者乎？予願拖四十二生的大炮，為之

前驅。(51)

如此以「氣勢」而非「論理」取勝，確實如胡適所說，很能體現陳獨秀的「老革命黨」氣質。比起胡適對症下藥的「八不主義」來，陳獨秀的「三大主義」更像是關於「文學革命」的口號(52)。陳氏甚至拒絕胡適「甚願國中人士能平心靜氣與吾輩同力研究此問題」的「學究氣」，斬釘截鐵地表示：「必不容反對者有討論之餘地，必以吾輩所主張者為絕對之是，而不容他人之匡正也。」理由是：「改良中國文學當以白話為正宗之說，其是非甚明。」(53)對於如此「武斷的態度」，受過系統哲學訓練的胡適不大以為然，但也不得不承認，正是「得著了這樣一個堅強的革命家做宣傳者，做推行者」，新文學方才可能摧枯拉朽般迅速推進(54)。

可也正是這種過於注重提倡、講究策略、追求效果，而相對忽略細緻入微的學理探究，日後成為《新青年》進一步發展時很難跨越的障礙。比如，關於文學的審美特徵及其如何體現「國民精神」，《新青年》的眾多討論，甚至不及晚清的黃人、王國維、周作人(55)；同樣主張「別求新聲於異邦」，陳獨秀刊於1915年的〈現代歐洲文藝史譚〉，就其對於域外文學的理解深度與闡釋能力而言，無法與魯迅撰於1907年的〈摩羅詩力說〉相比擬(56)；至於胡適的名文〈論短篇小說〉(57)，放在晚清以降小說革新大潮中審視(58)，也不見得格外出色。真正體現《新青年》同人文學趣味和理論貢獻的，是其將文學革新推進到語言層面。

所謂「白話文學之為中國文學之正宗，又為將來文學必用之利器，可斷言也」(59)，此語確實成了引爆「文學革命」的「導火線」。不過，胡適在追憶這段光榮史時，只顧自家的冥思苦想，而忘記陳獨秀的誘導之功。〈文學改良芻議〉刊於《新青年》二卷五號，而二卷

二號上胡、陳之間的通信，已經透露玄機。胡適信中簡要提及其擬想中「須從八事入手」的文學革命，這八事依次為不用典、不用陳套語、不講對仗、不避俗字俗語、須講求文法之結構、不作無病之呻吟、不摹仿古人語、須言之有物。陳獨秀除對第五、第八兩項略有疑義，「其餘六事，仆無不合十讚歎，以為今日中國文界之雷音」。接下來的催稿，體現了陳獨秀作為編輯家的敏銳與魄力：

> 倘能詳其理由，指陳得失，衍為一文，以告當世，其業尤盛。⑩

胡適果然不負厚望，很快寄來調整充實後的〈文學改良芻議〉。八事次序重新排列，尤其是將「不避俗字俗語」放在文章最後著重論述⑪，並最終逼出「白話文學，將為中國文學之正宗」的結論，令陳獨秀欣喜不已⑫。作為雜誌主編，陳獨秀時刻警覺著，尋覓大有潛力的新作者與任何可能的突破口——這既是思想境界，也是出版壓力。一旦找到，便不失時機地大力鼓噪，迅速推進。從一則讀者來信中發現新說，當機立斷，付諸行動，這需要輿論家的敏感與革命家的氣魄——對於陳獨秀來說，後人更多關注其革命家的氣質，相對忽略了其編輯眼光及技巧。

《新青年》的編者其實非常注意「尋覓」乃至「製造」新的話題，但那麼多次嘗試，最成功的，還屬白話文的討論——既有理論意義，又有可操作性，將理想與現實如此巧妙地縫合在一起，真是千載難逢的機遇。白話文問題，遠不只是「文學形式」或「表達工具」，而是牽涉到整個思想觀念與文化傳統的是非，這才可能吸引那麼多論者參與辯難。比起「以平易語言表達深刻學理」這樣的老生常談，胡適們弄出個文（言）白（話）、死（文學）活（文學）二元對立模式，既簡單明瞭，又切實可行。如果說五四時期的新舊思想／文學之

爭有什麼不可逾越的鴻溝，那無疑是支持或反對白話文：

> 我總要上下四方尋求，得到一種最黑，最黑，最黑的咒文，先
> 來詛咒一切反對白話，妨害白話者。即使人死了真有靈魂，因
> 這最惡的心，應該墮入地獄，也將決不改悔，總要先來詛咒一
> 切反對白話，妨害白話者。⑬

魯迅的這段自白，表達的正是新文化人「態度的同一性」⑭，或曰
「《新青年》精神之團結」。大敵當前，來不及深思熟慮，首先是表明
立場，至於各自的理論分歧，只好暫時擱置一邊，等塵埃落定、白話
文運動取得勝利後，再仔細分辨，或做必要的自我調整。

這一「集團作戰」的思路，對於思想／文學運動的推行十分有
效。有晚清白話文運動做鋪墊，胡適們登高一呼，竟然應者雲集，
「文學革命」出奇地順利。如果說〈建設的文學革命論〉標誌著文學
革命和國語運動的合流⑮，1919年教育部附屬「國語統一籌備會」的
成立，則預示著官方、民間改革力量的攜手。此後，《新青年》同人
劉復、胡適、周作人、錢玄同等在「統一會」開會時提出《國語統一
進行方法》議案，以及教育部訓令自1920年秋季起「凡國民學校一二
年級先改國文為語體文，以期收言文一致之效」⑯，便都是順理成章
的了。這是一個有開頭、有結尾、中間部分時而波瀾起伏、時而峰迴
路轉的曲折有趣的故事。正因為是「群眾運動」而非「個人著述」，
可以吸引無數英雄豪傑，因而也就有賴於所謂的「策劃」、「組織」
與「協調」。這對於「以雜誌為中心」的同人來說，是再恰當不過的
好題目。

比起揮灑個人才華的「文學創作」，或者需要天時地利人和的
「制度變更」，以白話文為突破口的「文學革命」，因其兼及語言、文

學、思想、文化等諸多領域，可以召喚諸多學者參與，更適合於雜誌的實際操作。這就難怪後人提及《新青年》，最容易被記憶的，還是此功勳卓著的「文學革命」。所謂《新青年》「初提倡文學革命，後則轉入共產」⑥，戈公振的評述無疑是片面的，但這恐怕不是由於資料殘缺，而是代表時人的共識。只是隨著學界對於五四新文化運動理解的日漸深入，《新青年》發起孔教問題、婦女問題、勞工問題等的討論，其意義方才被逐漸發掘出來。

這裏並不否認胡適提倡白話文的功績，只是想指出，作為雜誌主編，陳獨秀是如何高瞻遠矚，善於尋找「最佳話題」，並加以大力扶植。除了撰寫〈文學革命論〉與之呼應，陳獨秀還用通信、論文、讀者論壇等形式，不斷激發公眾參與討論的熱情。隨著錢玄同、劉半農、傅斯年等學者的加盟，討論日趨深入。但《新青年》同人還是略感寂寞，於是上演了影響極為深遠的「雙簧戲」。先是錢玄同化名王敬軒，集合眾多反對言論，撰成一挑釁之文，再由劉半農逐一批駁⑥。此舉本身帶有遊戲意味，落筆時只求痛快，不問輕重，雖吸引了不少公眾注意力，但其語調之刻薄，也容易引起反感，在不明就裏的外人看來，自是有違「費厄潑賴」（Fair Play）。可換一個角度，不從文章是否刻薄、而從運動能否推進來思考，這「雙簧戲」未嘗不可上演。相對於風雲激盪的大時代，個人的道德品質與文章趣味是可以犧牲的──正是這種「集團意識」，支撐著《新青年》同人奮力進取。

同人間相互支持，並肩作戰，撰文時你徵我引，開口處我贊你歎，有效地「禦敵於國門之外」。即便在局外人看來，新文化人的口氣未免過於霸道；但在守舊勢力依舊十分強大的1910年代，力主革新的弱勢群體，不得不更多地「意氣用事」。正是這王道、霸道並用，莊言、寓言雜出，招來林紓、梅光迪等論敵，使得整個討論上升到思想史的層面。

切入口是文學形式，著眼點則是整個思想文化革命。將學者的書齋著述，轉化為大眾的公共話題，藉以引起全社會的廣泛關注，並進而推動討論的深入展開。這種「從問題入手」的編輯方針，有效地聚集了人才與文化資源，將文學論爭轉化為思想革命。更重要的是，從第二卷開始發動的關於孔教問題和文學革命的兩大論爭，至此獲得了某種內在聯繫。錢玄同由此推出的極端主張——「欲廢孔學，不可不先廢漢文」⑥，不被《新青年》同人認可；倒是劉半農之比較「改良文學」與「破壞孔教」兩大話題，頗為耐人尋味：

> 改良文學，是永久的學問。破壞孔教，是一時的事業。因文學隨時世以進步，不能說今日已經改良，明日即不必改良。孔教之能破壞與否，卻以憲法制定之日為終點。其成也固幸，其不成亦屬無可奈何。故《青年雜誌》對於文學改良問題，較破壞孔教更當認真一層。尤貴以毅力堅持之，不可今朝說了一番，明朝即視同隔年曆本，置之不問。

劉氏乃文學家，「思想」與「政治」非其所長，如此立說，無可非議。再說，此信著重討論「改良文學之事」，提了好多具體建議，故陳獨秀並不計較其對於孔教討論之蔑視，反而稱「所示各條，均應力謀實行」⑦。當然，「文學革命」有破有立，留下很多可供後人品鑒的「實績」，如白話文真的成了「文學必用之利器」，胡適、魯迅等人關於新詩、話劇、小說的「嘗試」奠定了現代中國文學的根基等。正因這一點，史家對於「文學革命」的評價，很快取得基本共識；至於《新青年》同人之反孔以及對傳統綱常倫理的激烈批判，其功過得失，一直到今天仍有不少爭議。

　　「孔教批判」與「文學革命」，二者表面上各自獨立，但在深層次

上，卻不無互相溝通的可能——都根源於對「傳統中國」的想像。這一點，不妨以戲曲討論為例。《新青年》同人的文學理想，在當年確係振聾發聵。談小說，辯詩文，胡適等全都得心應手。惟獨到了評價傳統戲曲，方才遭遇新文化人的「滑鐵盧」。

四卷六號的《新青年》上，有一組關於舊戲的討論，面對張厚載咄咄逼人的挑戰，胡適、錢玄同、劉半農、陳獨秀等人的答辯，顯得蒼白無力。所謂臉譜化的表演、「極喧鬧的鑼鼓」、「助長淫殺心理於稠人廣眾之中」[71]，均不足以置舊戲於死地。一個月後，快人快語的錢玄同，重新披掛上陣。先是引錄朋友的話，「要中國有真戲，非把中國現在的戲館全數關閉不可」。至於理由嗎，其實很簡單：

> 如其要中國有真戲，這真戲自然是西洋派的戲，決不是那「臉譜」派的戲。要不把那扮不像人的人，說不像話的話全數掃除，盡情推翻，真戲怎樣能推行呢？[72]

以「注重寫實」的西洋話劇——很奇怪，西洋歌劇從不在五四新文化人視野之內——為評價標準，充滿虛擬性的中國戲曲，自是一無可取。

問題在於，宣判中國戲曲死刑的新文化人，不覺得有深入理解其表演程式的必要。那位聲稱「就技術而論，中國舊戲，實在毫無美學的價值」；「再就文學而論，現在流行的舊戲，頗難當得起文學兩字」的傅斯年，在〈戲劇改良各面觀〉裏開宗明義：

> 第一，我對於社會上所謂舊戲，新戲，都是門外漢；
> 第二，我對於中國固有的音樂和歌曲，都是門外漢。

這可不是故作謙虛的套話，而是強調門內人陷溺深了，不能容納改良

與創造,「我這門外漢,卻是不曾陷溺的人」,方才有資格談論中國戲曲的命運。為何不懂戲的人更有資格談戲,這種無端的驕傲,來自改革現實社會的激情:「使得中國人有貫徹的覺悟,總要借重戲劇的力量;所以舊戲不能不推翻,新戲不能不創造。」❼❸ 可這麼一來,不是又回到梁啟超「欲新一國之民,不可不先新一國之小說」的老路上去了嗎❼❹?

胡適從文學進化觀念有四層意義入手,論證中國舊戲確實沒有任何保留價值,似乎顯得很有學理性。可所謂缺乏「悲劇的觀念」,不講究「文學的經濟方法」,對於舊戲的這兩點指責,其實很難站得住腳。歸根結底,問題的癥結還在於對待西學的態度:

> 現在的中國文學已到了暮氣攻心,奄奄斷氣的時候!趕緊灌下西方的「少年血性湯」,還恐怕已經太遲了;不料這位病人家中的不肖子孫還要禁止醫生,不許他下藥,說道:「中國人何必吃外國藥!」……哼!❼❺

同樣自稱「門外漢」的周作人,其斷言中國舊戲該廢的理由,一是「從世界戲曲發達上看來,不能不說中國戲的野蠻」;二是中國舊戲「有害於『世道人心』」。而真正透出底牌的,是以下的這兩句:

> 至於建設一面,也只有興行歐洲式的新戲一法。……倘若亞洲有了比歐洲更進化的戲,自然不必去捨近求遠;只可惜沒有這樣如意的事。

中間省略部分,不外將是否接納「歐洲式的新戲」,轉化成了自家擅長的「歐化」與「國粹」之爭,難怪錢玄同拍案叫絕,稱此乃「至精

至確之論」❻。五四新文化人關於舊戲的論述，其實目標十分明確，即以西洋話劇取代中國戲曲；至於理由，首先來自思想史，而後才是文學史。

對傳統戲曲充滿偏見的嘲諷，基於《新青年》同人的思想立場——擁抱西學，改造中國。不懂，也不感興趣，可照樣大膽發言，而且理直氣壯，因其著眼的是戲曲改革的思想史意義。這場很不成功的討論，顯示新文化人的盲點：極端自信，注重集團形象，基於思想史立場，對西洋榜樣及尺度缺乏必要的反省。

王曉明在其才氣橫溢的論文〈一份雜誌和一個「社團」〉中，批評胡適等提倡文學革命的文章「讀上去就彷彿一份施工報告」，作家們「沒有充分意識到文學自身的獨特性」，「先有理論的倡導，後有創作的實踐」等。就現象描述而言，這些指責都很容易落實。但作者太急於「撥亂反正」，對研究對象缺乏必要的理解與同情，將二十世紀中國文學的眾多負面因素（如輕視文學自身特點、主張文學應有主流和中心、文學進程可以設計等），一古腦算到《新青年》頭上❼，將一份「完全是彼此思想投契的結合」的「同人雜誌」，解讀為執政黨的「文藝政策」，似乎頗有偏差。

其實，《新青年》同人思維方式的最大特點，不在於「功利主義」、「絕對主義」或「以救世主自居」，而是力圖將文學革命與思想革命統一起來，用發起運動的方式來促進文學革新。無論是雜誌編排，還是話題設計，陳獨秀等人都是希望兼及思想與文學。至於周作人的兩則名文〈人的文學〉和〈思想革命〉❽，更是將新文化人的這一意圖表述得淋漓盡致。「五四文學革命」並非自然而然的歷史進程，很大程度依賴於外力的推動；思想史意義的召喚，使得不少本不以文學見長的學者，也都投身「白話詩」的嘗試。意識到的歷史責任與個人審美趣味之間的矛盾，此乃改革者常常面臨的兩難境地。對於

那些基於「中間物意識」，自覺扛住黑暗的閘門，放後人到光明的地方去的先行者，我更傾向於採取理解與同情的態度。

至於這一選擇，是否一定嚴重傷害其文學成就，這要看當事人對此尷尬的境地有無清醒的認識。魯迅曾提及其應錢玄同的邀請，為《新青年》撰寫文章，「有時候仍不免吶喊幾聲，聊以慰藉那在寂寞裏奔馳的猛士，使他不憚於前驅」。接下來的這段話，常被論者提及：

> 既然是吶喊，則當然須聽將令的了，所以我往往不恤用了曲筆，在〈藥〉的瑜兒的墳上平空添上一個花環，在〈明天〉裏也不敘單四嫂子竟沒有做到看見兒子的夢，因為那時的主將是不主張消極的。㊆

一看到「聽將令」三字，馬上斷言其缺乏「文學價值」，我以為是不公允的。魯迅到底是「聽」哪個「將」的「令」，陳獨秀？胡適？資產階級？馬克思主義？我看都不像。感受到某種彌漫在空氣中的時代精神，願意與「完全是彼此思想投契的結合」的《新青年》同人共命運，在小說創作中略做呼應。我以為，這樣的選擇，實在無可非議。與時代潮流保持一種「必要的張力」，不即不離，在追隨中反省──此乃魯迅小說獲得成功的一大訣竅。

不曾「為藝術而藝術」，以「運動」的方式推進文學事業，以至常有胡適「提倡有心，創造無力」那樣的感歎，這確實是《新青年》所倡導的「文學革命」的基本特色。作為具體作家，過分清醒的思想史定位，很可能導致「主題先行」；但作為同人雜誌，策劃這麼一場精彩的文學運動，實際上不可能不「理論優先」。這也是我們談論《新青年》上的作品（魯迅小說除外）時，更關注其「文學史意義」

而不是「文學價值」的緣故。

四、 文體對話與思想草稿

報刊業的迅速崛起，乃近代中國文學革命的關鍵因素。所謂「文集之文」與「報館之文」的區別，以及「俗語之文學」的逐漸被認可，均與其時方興未艾的報刊事業密不可分[80]。報刊面對大眾，講求淺近通俗，因而文章沒必要、也不可能過於淵雅。正是這一技術手段和擬想讀者的變化，直接導致了晚清文壇風氣的轉移。這一點，學界已經普遍關注。問題的另一面，則還沒有引起足夠的重視。那便是，雜誌無所不包，「總宇宙之文」，不同文體互相滲透的結果，導致文體變異乃至新文體的誕生。1897年6月，在〈報章文體說〉一文中，譚嗣同首次從正面角度，闡發報章「總宇宙之文」的意義。在譚氏看來，天下文章三類十體，惟有報章博碩無涯，百無禁忌；至於俗士指責「報章繁蕪闒茸，見乖體例」，乃井蛙之見[81]。譚氏的遠見卓識，在清末民初諸多報人的積極實踐中，得到充分的證實。無論是梁啟超之發起「文界革命」、「小說界革命」，還是陳獨秀的提倡白話文與新文化，都大大得益於迅速崛起的近代報業。

從文學史而不是新聞史、思想史的角度審視《新青年》，需要關注的，主要不是其政治主張或傳播範圍，而是其表達方式。將一份存在時間長達七年、總共刊行9卷54號的「雜誌」，作為一個完整且獨立的「文本」來閱讀、分析，那麼，首先吸引我們的，是各種文體的自我定位及相互間的對話，還有這種對話所可能產生的效果。比起各專業刊物（如文藝雜誌）的出現、各報紙副刊（如文藝副刊）的設置這樣言之鑿鑿的考辨，《新青年》中不同文體間的對話、碰撞與融合，顯得比較曲折與隱晦，需要更多的史實與洞見。以下的分析，即便做

不到「每下一義，泰山不移」，也希望能為後來者打開思路。

大凡精明且成功的報人，其心目中的理想文章，應該是有「大體」而無「定體」，就像金人王若虛在〈文辨〉中所說的。那是因為，讀者在變化，作者在變化，時局與市場也在變化，報章文體不可能一成不變。但另一方面，萬變不離其宗，主心骨不能動，否則東搖西擺，雜誌很容易隨風飄去。在這方面，陳獨秀是老手，火候掌握得很好。胡適對陳獨秀將編輯部轉移到上海，以及擱下風頭正健的新文學，轉而介紹蘇俄的政治革命很不以為然，那是因為胡適誤解了陳獨秀的趣味——自始至終，文學都不是仲甫先生的「最愛」。

蔡元培為《中國新文學大系》撰寫總序，曾提及：「為怎麼改革思想，一定要牽涉到文學上？這因為文學是傳導思想的工具。」❷包括陳獨秀在內的《新青年》同人，大都認同這一思路。只不過對於編雜誌的人來說，引入文學話題，還有吸引更多讀者這一營銷方面的考慮。除此之外，堅硬的政論與柔和的詩文之間的互補，可以調劑談話的氛圍，以及豐富雜誌的形象。《新青年》的一頭一尾，政論占絕對優勢，姿態未免過於僵硬；只有與北大教授結盟那幾卷，張弛得當，政治與文學相得益彰。但即便是最為精彩的三至七卷，文學依舊只是配角。一個明顯的例子，總共54期雜誌，只有1919年2月出版的6卷2號，將周作人的〈小河〉列為頭條。依據此前一期刊出的〈第六卷分期編輯表〉，可知負責6卷2號編輯工作的，正是一貫語出驚人的錢玄同。在同時期的白話詩中，〈小河〉確實是難得的佳作，日後的文學史家對其多有褒揚。但我懷疑錢玄同的編排策略，乃是希望「出奇制勝」，而不是顛覆《新青年》以政論為中心的傳統。

陳獨秀等《新青年》同人，借助於版面語言，凸顯議政、述學與論文，而相對壓低文學創作，此舉可以有以下三種解讀：第一，「文以載道」的傳統思路仍在延續；第二，《新青年》以思想革新為主攻

方向；第三，即便「高談闊論」，也可能成為好文章。表面上只是編輯技巧，實則牽涉到《新青年》的文化及文學理想。即便將眼光局限在「文章流變」，《新青年》的貢獻也是有目共睹。黎錦熙1939年為錢玄同作傳時，專門強調五四新文化人之提倡白話文，最大困難不在「文藝文」，而在「學術文」。胡適發表白話詩「算是創體，但屬文藝」；「唯有規規矩矩作論文而大膽用白話」，對於當時的讀書人，「還感到有點兒扭扭捏捏」⑧。正是這一點，使得五四新文化人的「議政」、「述學」與「論文」，本身就具有「文章學」的意義。

有趣的是，一個以政論為中心的思想／文化雜誌，真正引起社會上強烈關注的，卻是其關於文學革命的提倡。當然，若依時論，只從文學角度解讀《新青年》，難免買櫝還珠之譏。五四新文化人之所以選擇白話文作為文學革命的切入口，以及組織易卜生專號意圖何在，鼓動女同胞出面討論「女子問題」為何沒有獲得成功⑭，諸如此類大大小小的問題，只有放在政治史及思想史脈絡上，才能得到較為完滿的解釋。可以這麼說，《新青年》「提倡」新文學，確實功勳卓著；但「新文學」的建設，卻並非《新青年》的主要任務。套用胡適的話，《新青年》的「文學史地位」，主要體現在「自古成功在嘗試」。

「但開風氣不為師」，這一思路決定了《新青年》的注意力集中在「提倡」而不是「實踐」。與陳獨秀們唱對臺戲的《學衡》諸君，正是抓住《新青年》的這一弱點，稱：

> 且一種運動之成敗，除作宣傳文字外，尚須出類拔萃之著作以代表之，斯能號召青年，使立於旗幟之下。……至吾國文學革命運動，雖為時甚暫，然從未產生一種出類拔萃之作品。⑧

我們固然可以反唇相譏：《學衡》派的文學成績更是乏善可陳；但胡

先驅的責難其實必須認真面對。胡適在〈《中國新文學大系‧建設理論集》導言〉中也稱:「一個文學運動的歷史的估價,必須也包括他的出產品的估價。」那是因為:

> 文學革命產生出來的新文學不能滿足我們贊成革命者的期望,就如同政治革命不能產生更滿意的社會秩序一樣,雖有最圓滿的革命理論,都只好算作不兌現的紙幣了。㊏

只是在胡適眼中,這問題早已解決。在撰於1922年的《五十年來中國之文學》中,胡適已將尚在進行的「文學革命」送入了文學史。魯迅則沒有那麼樂觀,他之所以在〈《中國新文學大系‧小說二集》導言〉中專門提及〈狂人日記〉、〈孔乙己〉、〈藥〉等,「算是顯示了『文學革命』的實績」,一方面是承認「從《新青年》上,此外也沒有養成什麼小說的作家」㊐,另一方面也是為了回應社會上不絕如縷的批評。

　　正如魯迅所說,「凡是關心現代中國文學的人,誰都知道《新青年》是提倡『文學改良』,後來更進一步而號召『文學革命』的發難者」;但「《新青年》其實是一個論議的刊物,所以創作並不怎樣著重」。《新青年》上,「比較旺盛的只有白話詩;至於戲曲和小說,也依然大抵是翻譯」㊑。魯迅如此談論《新青年》的文學成績,顯然受制於其時頗為風行的「純文學」與「雜文學」的分野。將詩歌、戲曲、小說列入「純文學」或「文學之文」的範圍,而將其他文字稱為「雜文學」或「應用之文」㊒,陳獨秀、劉半農的這一「文學觀」,日後影響極大。按照這一思路,《新青年》上占主導地位的「議政」、「述學」與「論文」,便無法成為「『文學革命』的實績」。

　　而我恰好認為,《新青年》的文學成就,不僅體現在白話詩歌的

成功嘗試，以及魯迅小說的爐火純青；更值得關注的，還在於《新青年》同人基於思想革命的需要，在社會與個人、責任與趣味、政治與文學之間，保持良好的對話狀態，並因此催生出新的文章體式：「通信」和「隨感」。

胡適說得沒錯，《新青年》上關於文學革命的提倡，「引起討論最多的當然第一是詩，第二是戲劇」，理由很簡單：

> 這是因為新詩和新劇的形式和內容都需要一種根本的革命；詩的完全用白話，甚至於不用韻，戲劇的廢唱等等，其革新的成分都比小說和散文大得多，所以他們引起的討論也特別多。[90]

但有趣的是，日後文學史家盤點《新青年》上「『文學革命』的實績」，最為首肯的，卻是小說和散文，而不是當年風光八面的詩歌和戲劇。

要講藝術技巧，胡適的「遊戲的喜劇」〈終身大事〉固然不足道，但勉強還能演出；陳衡哲的〈老夫妻〉和陳綿的〈人力車夫〉，只能算是簡單的情景對話，根本無法搬上舞臺。相比之下，白話詩的陣容強大得多，《新青年》的主要作者，幾乎都曾粉墨登場。在這座新搭建的詩壇上，「友情演出」者不少，真正詩才橫溢且持之以恆地進行藝術探索的，不能說絕對沒有，但少得可憐。對此狀態，周作人曾有過相當清醒的評價：

> 那時作新詩的人實在不少，但據我看來，容我不客氣地說，只有兩個人具有詩人的天分，一個是尹默，一個就是半農。[91]

可如此低調的敘述，後起的小說家沈從文依舊不認帳。在〈讀劉半農

的《揚鞭集》》中,沈稱周認定的有「天分」的新詩人,包括俞平伯、沈尹默和劉復(此處記憶有誤);這三人的新詩固然樸素自然,尤其劉復能駕御口語,驅遣新意,「但這類詩離去了時代那一點意義,若以一個藝術的作品,拿來同十年來所有中國的詩歌比較,便是極幼稚的詩歌」㊎。此說不算太苛刻,日後朱自清為《中國新文學大系》編選新詩,除欣賞周作人的長詩〈小河〉「融景入情,融情入理」,對白話詩主將胡適的新詩理論也頗多揄揚;至於《新青年》其他新詩人的作品,朱自清則實在「吟味不出」其佳妙處㊓。

1926年的周作人,一面追憶「我與半農是《新青年》上作詩的老朋友,是的,我們也發謬論,說廢話,但作詩的興致卻也的確不弱,《新青年》上總是三日兩頭的有詩」,一面又相當謙虛地稱:「我對於中國新詩曾搖旗吶喊過,不過自己一無成就,近年早已歇業,不再動筆了。」㊔這種當年曾為剛剛誕生的新詩「搖旗吶喊」,很快就「金盆洗手」的狀態,在《新青年》同人中相當普遍。魯迅在〈《集外集》序言〉中也有類似的表述:

> 只因為那時詩壇寂寞,所以打敲邊鼓,湊些熱鬧;待到稱為詩人的一出現,就洗手不作了。㊕

儘管後人對於周氏兄弟的新詩有很好的評價,但對他們本人來說,真正的名山事業確實不在新詩。

《新青年》的詩壇十分熱鬧,可成績並不理想。這正是胡適所再三表白的:「提倡有心,創造無力。」本身並不具備「詩人的天分」,卻非要參加白話詩的「嘗試」不可,《新青年》同人的這種創作心態,一如其不懂戲曲,卻非要暢談中國舊戲是否當廢一樣,都是基於社會責任而不是個人興趣。集合在「思想革命」與「文學革命」

大旗下的《新青年》同人，講究同氣相求，通力合作。這種同道之間為了某種共同理想而互相支持的精神氛圍，既煮了不少夾生飯，也催生出一些偉大的作品。比如小說家魯迅的「出山」，很大程度上便是這種「召喚」的成果。

在〈《吶喊》自序〉中，魯迅提到《新青年》編輯「金心異」（指錢玄同）的再三約稿：

> 我懂得他的意思了，他們正辦《新青年》，然而那時彷彿不特沒有人來贊同，並且也還沒有人來反對，我想，他們許是感到寂寞了……。❾❻

為了慰藉先驅者，免得其過於寂寥，魯迅終於不負眾望，開始其「鐵屋中的吶喊」。對於這段廣為人知的「魯迅誕生記」，另一個當事人錢玄同的精彩描述，不太為人關注，值得大段徵引：

> 我認為周氏兄弟的思想，是國內數一數二的，所以竭力慫恿他們給《新青年》寫文章。七年一月起，就有啟明的文章，那是《新青年》第四卷第一號，接著第二、三、四諸號都有啟明的文章。但豫才則尚無文章送來，我常常到紹興會館去催促，於是他的〈狂人日記〉小說居然做成而登在第四卷第五號了。自此以後，豫才便常有文章送來，有論文、隨感錄、詩、譯稿等，直到《新青年》第九卷止（十年下半年）。❾❼

正是這種基於道義的共同參與意識，使得作為同人刊物的《新青年》，顯示出很強的整體感。專號的經營，同題白話詩的出現，某些社會話題的不斷重複，同一意象或題材在不同文體中的變奏等等❾❽，

撫摩這半個多世紀前的舊雜誌，你依舊能十分清晰地感覺到流淌在其中的激情與活力。

不是注重人際關係的酬唱，而是一種強烈的社會責任感，認準那是一件值得投身的事業，因此願意共同參與。正是這種「共同參與」的欲望，支撐起《新青年》的「通信」，使之成為很可能空前絕後的「神品」。雜誌設置「通信」專欄，並非陳獨秀的獨創；但此前此後的無數實踐，之所以不若《新青年》成功，很大原因在於《新青年》同人全力投入，將其作為「品牌」來經營。

《青年雜誌》創刊號上的〈社告〉，最具創意的很可能不是常被引用的將讀者鎖定在青年，以及呼籲青年「不可不放眼以觀世界」——此等思路，晚清以降已成新派學人的共識；而是兩則不太起眼的關於雜誌編輯體例的說明。前一則「本誌以平易之文，說高尚之理」，對於曾經主編過《安徽俗話報》的陳獨秀來說，似乎有點後退；這與其將啟蒙的主要對象從不太識字的勞苦大眾轉為受過新式教育的先進青年這一大的戰略轉移有關。而後一則更有意思：

> 本誌特闢通信一門，以為質析疑難發舒意見之用。凡青年諸君對於物情學理，有所懷疑，或有所闡發，皆可直緘惠示。本誌當盡其所知，用以奉答，庶可啟發心思，增益神志。

一開始只是讀者提問，編輯答疑，雜誌猶如虛擬的課堂，編輯（記者）就是那「傳道授業解惑」的教師。很快地，讀者的主體性開始萌現，不再只是虛心請教。《新青年》2卷1號（1916年9月）刊出的〈通告二〉稱：

> 本誌自第二卷第一號起，新闢《讀者論壇》一欄，容納社外文

字，不問其「主張」「體裁」是否與本誌相合，但其所論確有研究之價值者，即皆一體登載，以便讀者諸君自由發表意見。

這則〈通告二〉連刊六次，「以便讀者諸君自由發表意見」句還專門加了圈點。既要讓讀者「自由發表意見」，又不想放棄編者「啟發心思，增益神志」的責任，陳獨秀巧妙地引進編輯部同人，讓大家都來參與辯難與答疑。

這樣一來，第三至六卷的《新青年》，其「通信」一欄變得五彩繽紛，煞是好看。從晚清報刊溝通讀者的基本技巧，到別出心裁地在同人雜誌中引入異質因素，再到提供敵我雙方廝殺的陣地，以及同道互相支持的戲臺，《新青年》最具創意的欄目設計，非「通信」莫屬。這其中，陳獨秀的個人魅力固然重要，錢玄同、胡適、周作人、劉半農等的加盟同樣必不可少。比起簡單地回答讀者提出的問題，同人之間的相互辯駁，更能促使討論深入。即便推進「思想革命」與「文學革命」的大方向一致，在具體策略及實施方案方面，《新青年》同人間還是有不少分歧。於是，在「通信」欄中，展開了高潮迭起的論爭——大到文學如何改良、孔教是否該批，小到《金瓶梅》如何評價，橫行與標點是否當行，還有世界語的提倡、英文「She」字譯法之商榷等，幾乎五四新文化的各個子命題，都曾在「通信」欄中「表演」過。

使用「表演」一詞，並非貶低「通信」欄中諸君的高談闊論，而是指向其刻意營造的「眾聲喧嘩」局面，還有行文中不時流露的遊戲色彩。確實是對話，也略有交鋒，但那基本上是同道之間的互相補臺。好不容易刊出火藥味十足的王敬軒來信，可那又是虛擬的，目的是提供批判的靶子。也就是說，別看《新青年》上爭得很厲害，那是有控制的「自由表達」。唯一一次比較有分量的挑戰——張厚載質疑

《新青年》同人對於中國舊戲的見解，又被胡適、錢玄同、劉半農、陳獨秀、周作人、傅斯年等輕易地打發了㊾。這當然是同人雜誌的特點決定的，不太可能刊登乃至接納與自家立場截然對立的觀點，只是由於《新青年》「通信」欄目的巨大成功，很容易造成這便是新舊之間「對話」或「對壘」的假象。

由於真正的對手缺席，《新青年》上的議論基本是一邊倒。擬想中的「平等對話」，無法充分展開。誰來信，誰做答，何時以及用何種方式刊登，給不給人家申辯的機會，還有作為正文還是附錄（比如張厚載應胡適之邀撰寫的〈我的中國舊戲觀〉，刊於《新青年》5卷4號時，便是作為傅斯年〈戲劇改良各面觀〉一文的附錄），諸如此類的「技術性因素」，足以阻止真正的反對派產生。李憲瑜注意到了《新青年》的「通信」欄目，由於「綜合主題的選擇、學術性的加強、編輯方式的改動」等，而「由公眾論壇而趨向自己的園地」㊿。我的意見略有不同，《新青年》從來沒有成為「公眾論壇」，即便是「通信」欄目，其「對話狀態」不只是虛擬的，而且有明確的方向感。可以說，這是《新青年》同人創造的「另一種文章」。

從文體學的角度考察《新青年》的「通信」，很容易想當然地上溯古已有之的書札。這種溯源不能說沒有道理，「通信」所虛擬的私人性及對話狀態，以及若干書札慣用的套語，在在提醒這一點。但這種「擬書札」的姿態，除了拉近與讀者的距離，更多的是為了獲得獨立思考以及自由表達的權力。換句話說，在《新青年》同人心目中，「通信」是一種「即席發言」、一種「思想草稿」。

作為留學生的胡適，「常用劄記做自己思想的草稿」[101]；而作為啟蒙者的陳獨秀、錢玄同等，則借用通信「做自己思想的草稿」。既然是「草稿」而非「定本」，不妨放言無忌，橫衝直撞。《新青年》上最為激烈的議論，多以「通信」形式發表，如錢玄同之罵倒「選學

妖孽，桐城謬種」、提倡《新青年》全部改用白話，以及主張「欲廢孔學，不可不先廢漢文」等（參見錢玄同發表在《新青年》二至四卷上眾多致陳獨秀、胡適的信）。每期《新青年》上的「通信」，都並非無關痛癢的補白，而是最具鋒芒的言論，或最具前瞻性的思考。一旦思考成熟，不衫不履的「通信」，便會成為正襟危坐的「專論」。對於不只希望閱讀「思想」，更願意同時品味「性情」與「文采」者來說，作為「專論」雛形的「通信」，似乎更具魅力。《新青年》5卷5號的「通信」欄中，曾刊出魯迅的〈渡河與引路〉，建議「酌減」雜誌上所刊「通信」的數量，可魯迅同時承認：「《新青年》裏的通信，現在頗覺發達。讀者也都喜看。」[102]胡適晚年口述自傳，其第七章「文學革命的結胎時期」，特別渲染陳獨秀、錢玄同「二人的作品和通信」如何「哄傳一時」[103]。將「通信」從「作品」中析出，目的是突出陳、錢所撰「通信」影響之巨。至於抗議者所針對的，也主要是「通信」，這點涉及所謂「革新家態度問題」，留待下節專門論述。

「通信」作為一種「思想草稿」，既允許提出不太成熟的見解，也可提前引爆潛在的炸彈。除此之外，「通信」還具有穿針引線的作用，將不同欄目、不同文體、不同話題糾合在一起，很好地組織或調配。在某種意義上，《新青年》不是由開篇的「專論」定調子，反而是由末尾的「通信」掌舵。如此瑣碎的文章，竟然發揮如此巨大的作用，實在是個奇蹟。

同是立說，「通信」卸下讜言莊論的面具，得以自由揮灑，甚至孤軍深入。這一點，類似日後大行其時的雜文。其實，就在《新青年》上，由「通信」（第一卷起）而「隨感」（第四卷起），二者無論作者、論題及文體，均有相通處。眾多「隨感」中，魯迅的脫穎而出，無疑最值得關注。對於這一文學史線索，魯迅本人供認不諱，在其第一本雜文集《熱風》的〈題記〉中，專門提及「我在《新青年》的

〈隨感錄〉中做些短評」[104]；而在晚年所撰〈《且介亭雜文二集》後記〉中，魯迅又相當自豪地稱：「我從在《新青年》上寫〈隨感錄〉起，到寫這集子裏的最末一篇止，共歷十八年，單是雜感，約有八十萬字。」[105]

作為「後起之秀」，「隨感錄」專欄1918年4月方才在4卷4號的《新青年》上登場。起初各篇只標明次第，沒有單獨的篇名；從第56篇〈來了〉起，方才在專欄下為各文擬題。魯迅在《新青年》上發表的「隨感」，從5卷3號的〈隨感錄二十五〉起，到6卷6號的〈隨感六十六　生命的路〉止，共27則。雖然比起獨佔鰲頭的陳獨秀（58則）還有一段距離，但魯迅還是遙遙領先於「季軍」錢玄同（15則）。總共133則「隨感」，陳、魯、錢三君就佔據了整整百則，單從數量上，都能清晰地顯示《新青年》「隨感錄」之「三足鼎立」。更重要的是，比起前期偶爾露面的劉半農、周作人，或者後期勉力支撐的陳望道、周佛海，上述「三駕馬車」，確實更能體現《新青年》「隨感錄」的特色。

在〈《熱風》題記〉中，魯迅曾這樣描述其刊載於《新青年》上的「隨感」：

> 除幾條泛論之外，有的是對於扶乩，靜坐，打拳而發的；有的是對於所謂「保存國粹」而發的；有的是對於那時舊官僚的以經驗自豪而發的；有的是對於上海《時報》的諷刺畫而發的。記得當時的《新青年》是正在四面受敵之中，我所對付的不過一小部分；其他大事，則本誌具在，無須我多言。[106]

這段話初看十分低調，頗能顯示當事人謙虛的美德。可細讀之下，方知其大有深意——所謂迴避「泛論」與「大事」，而從「具體而微」的

「小事」入手，用嬉笑怒罵的筆法，褒貶抑揚，縱橫天下，其實正是「隨感」的文體特徵。此類體裁短小、現實感強、文白夾雜的「短評」，雖有「究竟爽快」的陳獨秀與「頗汪洋，而少含蓄」的錢玄同等參與創建❿，日後卻是經由周氏兄弟的苦心經營，發展成為各具特色的「雜感」與「小品」，❿，在二十世紀中國散文史上大放異彩。

作為專欄的「隨感錄」，很快就被其他新文化報刊所模仿——「稍後，李大釗、陳獨秀主持的《每週評論》，李辛白主持的《新生活》，瞿秋白、鄭振鐸主持的《新社會》，邵力子主持的《民國日報》副刊《覺悟》等，都開闢了『隨感錄』專欄。」❿至於師其意而不襲其名者，更是不勝枚舉。以「隨感」、「隨筆」、「雜感」、「雜文」為報刊的名稱、論文的主旨，或設置相關專欄，提倡特定文體，在後世無數追隨者的簇擁下，《新青年》的開創之功，很容易激起文學史家的聯翩浮想。

值得注意的是，在晚清報刊中，其實早已出現類似的篇幅短小、語帶調侃的「時評」——比如梁啟超的「飲冰室自由書」，但沒有凝集為一種相對穩定且被廣泛接受的文體。一直到《新青年》的「隨感錄」，方才將這種兼及政治與文學、痛快淋漓、寸鐵殺人的文體，充分提升。政論與隨感，一為開篇之「莊言」，一為結尾之「諧語」，二者遙相呼應，使得《新青年》莊諧並舉。一開始只是為了調節文氣，甚至很可能是作為補白，但「隨感」短小精悍、靈活多變、特別適合於談論瞬息萬變的時事的特點很快凸顯；再加上作家的巧用預／喻／寓言，「三言」聯手，不難令讀者「拍案驚奇」。

「隨感錄」的橫空出世，不僅僅為作家贏得了一個自由揮灑的專欄／文體，更凸顯了五四新文化人的一貫追求——政治表述的文學化。晚清以降，有志於改革社會者，往往喜歡借助文學的神奇魔力。這一將文學工具化的思路，日後備受非議；可有一點不能忽略，攪動

一池渾水，迫使眾多文體升降與移位，這本身就可能催生出新的審美趣味與形式感。小說成為「文學之最上乘」，戲劇舞臺上冒出了「言論小生」，以及「論政（學）之文」希望兼有文學性，所有這些，都並非純然消極的因素。

談論晚清以降的文學變革，思想史背景是個不能忽視的重要面向。只是落實到具體雜誌，要不政治獨尊，要不文學偏勝，難得有像《新青年》這樣，「思想革命」與「文學革命」齊頭並進，而且互相提攜者。而這一「思想」與「文學」之間的糾葛與互動，不只催生了若干優秀的小說與詩文，還豐富了政治表述的形式——《新青年》上的「通信」與「隨感」，八十年多後的今天，餘香未盡，依舊值得再三回味。

五、 提倡學術與壟斷輿論

就像前面提到的，《新青年》之以「運動」的方式推進文學事業，講究策略，追求效果，相對忽略細緻入微的學理分析；而在具體欄目設置上，又創造性地採用作為「思想草稿」的「通信」，以及嬉笑怒罵皆成文章的「隨感錄」，刻意營造桀驁不馴的形象。思想方式與文體創新，二者配合默契，共同挑戰根深蒂固的傳統中國。撇開孔教之是非、古文之死活，單是這種激進的反叛姿態，便引起很大的爭議。前面略為提及陳獨秀「必不容反對者有討論之餘地」，藍志先批評《新青年》的罵人文章，以及胡適對此問題的反省，基本是在「運動策略」的角度思考；這裏換一個角度，借助於《學衡》派的抗擊，重新解讀《新青年》中關於「革新家態度問題」的辯難。

《新青年》與《學衡》的對抗，主要體現在對於傳統中國及歐西文明的不同想像，同時也落實在知識者言說的方式上。眼看著新文化

運動得到青年讀者的熱烈回應，正如火如荼地展開，《學衡》諸君奮起反抗，首先針對的便是這種訴諸群眾運動的策略。按照吳宓的說法，提倡新文化者，其實是「以政客之手段，到處鼓吹宣佈」⑩；胡先驌則批評新文化人「利用青年厭故喜新，畏難趨易，好奇立異，道聽塗說之弱點」，發為不負責任的驚人之論⑪。梅光迪的批評最為狠毒，挖掘「今人提倡學術之方法」背後的功利目標：

> 彼等既以功利名譽為目的，作其新科舉夢，故假學術為進身之階。昔日科舉之權，操於帝王，今日科舉之權，操於群眾；昔之迎合帝王，今日之迎合群眾。其所以迎合者不同，其目的則一也。故彼等以群眾運動之法，提倡學術，壟斷輿論，號召徒黨，無所不用其極，而尤借重於團體機關，以推廣其勢力。⑫

《新青年》同人以思想啟蒙為目標，必然面向廣大民眾，所謂「以群眾運動之法」，沒有什麼不對。關鍵在於「提倡學術，壟斷輿論」八個字。任何一個雜誌，都有自己的宗旨；任何一場運動，都有自己的主張，「提倡學術」，此乃題中應有之義，為何《學衡》諸君那麼反感？看來問題出在「壟斷輿論」上。

就像人心向背一樣，「輿論」其實是很難被「壟斷」的——除非採用軍事或政治的暴力。《新青年》同人只有紙墨而沒有槍炮，如何能夠「壟斷輿論」呢？其實，梅光迪追究的，不是結果，而是動機，即《新青年》同人希望通過「肆行謾罵」而達到「壟斷輿論」的目標：

> 彼等不容納他人，故有上下古今，惟我獨尊之概。其論學也，未嘗平心靜氣，使反對者畢其詞，又不問反對者所持之理由，即肆行謾罵，令人難堪。……往者《新青年》雜誌，以罵人特

著於時。……其尤甚者，移學術之攻擊，為個人之攻擊。⑬

如此立說，近乎誅心之論。但《學衡》諸君確實認準《新青年》同人
不純粹是思想問題，而是嘩眾取寵，說話不負責任，只求一時痛快。
胡先驌的〈論批評家之責任〉，就是這樣給錢玄同、胡適等上課的：

> 又如錢君玄同，中國舊學者也，舍舊學外，不通歐西學術者
> 也，乃言中國學術無絲毫價值，即將中國載籍全數付之一炬，
> 亦不足惜。此非違心過情之論乎！
> 胡君適之乃曲為之解說，以為中國思想界過於陳舊，故錢君作
> 此有激之言。夫負批評之責任者，其言論足以左右一般青年學
> 子，豈容作一二有激之言乎？⑭

其實，在一個風雲變幻的變革年代，很難真的像胡先驌所設想的，
「以中正之態度，為平情之議論」──《學衡》上的文章，論及新文化
時，同樣充滿怒氣與怨氣；但胡君最後提出的「勿謾罵」戒律，還是
發人深省的。就像胡君所說的：「今之批評家，猶有一習尚焉，則立
言務求其新奇，務取其偏激，以駭俗為高尚，以激烈為勇敢。此大非
國家社會之福，抑亦非新文化前途之福也。」⑮

　　時光流逝，滄海桑田，後人重讀作為五四新文化運動「遺跡」的
《新青年》，不免有些隔膜。單從文本看，陳獨秀、錢玄同等人的偏
激，可謂一目了然。學者們希望用「瞭解之同情」的心態，來面對這
些報刊史上的「經典文獻」。賴光臨在《中國近代報人與報業》中，
專列四章（外加前言、結論）討論《新青年》的功過，尤其關注其
「言論態度」：

談論《新青年》人物的言論態度，大致可用八個字歸納：議論激昂，態度剛愎。

至於《新青年》同人為何採取如此偏激的姿態，賴君提供的答案有三：「一是這些人物的思想中，都含有『尼采層』，因之最不能對他們認為『不合理』的事物因循妥協。」「二是新青年人物之言論激烈，主要目的是在於破除舊說。」「三是他們對國家危亡的處境，感受特別敏銳，以『烈火焚居，及於眉睫』，因而『急不擇言』。」⑯

時人及後世史家之感慨《新青年》「態度剛愎」，主要不是指3卷3號（1917年5月）上胡適、陳獨秀的「通信」——在提倡白話文學這個問題上，到底是「容納異議，自由討論」，還是「不容他人之匡正」，關係不是很大。《新青年》「激起眾怒」的，其實是劉半農的〈答王敬軒書〉。《新青年》4卷3號（1918年3月）上，以〈文學革命之反響〉為題，刊發錢玄同戲擬的「王敬軒來信」，以及劉半農的答覆。正因王敬軒實無其人，乃虛擬的箭垛，劉半農將其作為舊勢力的象徵，極盡挖苦之能事。其語調之刻毒，讓旁人看不過去，於是引發了一場關於「革新家態度問題」的爭論。

先是在《新青年》4卷6號（1918年6月）的「通信」欄中，以〈討論學理之自由權〉為題，探討「有理」是否就可以「罵人」。那封署名「崇拜王敬軒先生者」的來信，真假莫辨，或許又是個圈套：

> 王先生之崇論宏議，鄙人極為佩服；貴誌記者對於王君議論，肆口侮罵，自由討論學理，固應又是乎？

接下來陳獨秀的答辯詞，帶有綱領性質，在日後的爭論中，曾被錢玄同引用，可見其大致代表《新青年》同人的立場：

本誌自發刊以來，對於反對之言論，非不歡迎；而答詞之敬慢，略分三等：言論精到，足以正社論之失者，記者理應虛心受教。其次則是非未定者，苟反對者能言之成理，記者雖未敢苟同，亦必尊重討論學理之自由，虛心請益。其不屑與辯者，則為世界學者業已公同辯明之常識，妄人尚復閉眼胡說，則唯有痛罵之一法。討論學理之自由，乃神聖自由也；倘對於毫無學理毫無常識之妄言，而濫用此神聖自由，致是非不明，真理隱晦，是曰「學願」；「學願」者，真理之賊也。⑰

既然是同人刊物，完全可以拒絕刊載毫無常識的駁難，就像魯迅〈渡河與引路〉說的⑱。可《新青年》為何偏要登載那些「毫無學理毫無常識之妄言」──找不到合適的「妄言」，甚至杜撰出一則「王敬軒來信」──然後再加以痛罵？大概只能歸結為，此乃吸引讀者目光的編輯策略。劉半農的覆信，開篇就是：

> 記者等自從提倡新文學以來，頗以不能聽見反抗的言論為憾，現在居然有你老先生「出馬」，這也是極應歡迎，極應感謝的。⑲

這可不是作為修辭手法的「反話」，而是《新青年》同人製造「王敬軒事件」的真實意圖。

還是在「通信」欄，5卷1號《新青年》上發表的，一是汪懋祖和胡適的〈讀新青年〉，二是戴主一、錢玄同的〈駁王敬軒君信之反動〉。汪懋祖的來信主要批評稱中國人論戰時喜歡將對方妖魔化，甚至還要「食肉寢皮」，足證其兇暴與偏狹。接下來話鋒一轉，指向《新青年》文章之「如村嫗潑罵」：

文也者，含有無上美感之作用，貴報方事革新而大闡揚之；開卷一讀，乃如村嫗潑罵，似不容人以討論者，其何以折服人心？此雖異乎文學之文；而貴報固以提倡新文學自任者，似不宜以「妖孽」「惡魔」等名詞輸入青年之腦筋，以長其暴戾之習也。

胡適富有涵養，面對這樣尖銳的指責，覆信依然很客氣，顯示其一貫的紳士風度。不過，對於自家立場，沒有絲毫動搖；需要改進的，只是「輿論家的手段」：

此種諍言，具見足下之愛本報，故肯進此忠言。從前我在美國時，也曾寫信與獨秀先生，提及此理。那時獨秀先生答書說文學革命一事，是「天經地義」，不容更有異議。我如今想來，這話似乎太偏執了。我主張歡迎反對的言論，並非我不信文學革命是「天經地義」。我若不信這是「天經地義」，我也不來提倡了。但是人類的見解有個先後遲早的區別。我們深信這是「天經地義」了，旁人還不信這是「天經地義」。我們有我們的「天經地義」，他們有他們的「天經地義」。輿論家的手段，全在用明白的文學，充足的理由，誠懇的精神，要使那些反對我們的人不能不取消他們的「天經地義」，來信仰我們的「天經地義」。所以本報將來的政策，主張儘管趨於極端，議論定須平心靜氣。一切有理由的反對，本報一定歡迎，決不致「不容人以討論」。[120]

戴主一致《新青年》編者的信，直接點名批評劉半農的〈答王敬軒書〉，更指出「通信」一欄多「胡言亂語」，失去了「辨難學術」的本

意：

> 「通信」一門，以為辨難學術，發舒意見之用，更屬難得。尚
> 有一事，請為諸君言之：通信既以辨論為宗，則非辨論之言，
> 自當一切吐棄；乃諸君好議論人長短，妄是非正法，胡言亂
> 語，時見於字裏行間，其去宗旨遠矣。諸君此種行為，已屢屢
> 矣；而以四卷三號半農君覆王敬軒君之言，則尤為狂妄。……
> 足見記者度量之隘。

錢玄同可沒有胡適那樣的涵養，估計是一讀此信火冒三丈，不覺得有
認真理論的必要，於是以雜文筆法作答。先請戴君讀讀陳獨秀發表在
《新青年》4卷6號上的答辯辭，即所謂「答詞之敬慢，略分三等」，對
於「妄人」之「閉眼胡說」，「則唯有痛罵之一法」。接下來反唇相
譏，倒打一耙：「來書中如『胡言亂語』，『狂妄』，『肆無忌憚』，
『狂徒』，『顏之厚矣』諸語，是否不算罵人？幸有以教我！」[121]

　　這還沒完，大概社會上對於《新青年》之「好罵人」微詞頗多，
陳獨秀覺得還有澄清的必要。5卷6號的《新青年》上，又以〈五毒〉
為題，發表愛真與獨秀的通信。愛真譏笑錢玄同的主張自相矛盾，既
廢滅漢文，又何須改良？而《新青年》「每號中，幾乎必有幾句『罵
人』的話。我讀了，心中實在疑惑得狠」。陳獨秀的答書很有意思，
除強調《新青年》同人辯論時所取「除惡務盡」的立場，還隱含著對
於胡適紳士腔調的嘲諷：

> 尊函來勸本誌不要「罵人」，感謝之至。「罵人」本是惡俗，
> 本誌同人自當有則改之，無則加勉，以答足下的盛意。但是到
> 了辨論真理的時候，本誌同人大半氣量狹小，性情直率，就不

免聲色俱屬;寧肯旁人罵我們是暴徒是流氓,卻不願意裝出那
紳士的腔調,出言吞吐,至使是非不明於天下。因為我們也都
「抱了掃毒主義」,古人說得好,「除惡務盡」,還有什麼客氣
呢?⑫

顯然,在陳獨秀眼中,《新青年》之「聲色俱屬」,不只並非必須改
進的缺點,而且是「性情直率」的表現。

前面幾次「通信」,因對手乃無名之輩,且說不出什麼道理,只
是表達不滿而已,《新青年》同人的答辯未免輕慢了點。《新青年》
6卷4號上藍志先、胡適、周作人三人的問學與辯難,沒有依慣例收入
「通信」欄,而是另設「討論」欄,顯然認定此回的「討論」非同一
般。一方面是藍志先的學術地位,另一方面此信談及「貞操問題」、
「拼音文字問題」,「革新家態度問題」,有很強的學理性。當然,也
與這期雜誌歸胡適編輯有關。藍君先是感歎中國人之不喜歡也不擅長
辯論:

> 在歐美各國,辯論是真理的產婆,愈辯論真理愈出。而在中
> 國,辯論卻是嘔氣的變相,愈辯論論旨愈不清楚,結局只能以
> 罵人收場。

接下來討論「革新家態度問題」,對《新青年》的論辯風格頗有微
詞:

> 講到《新青年》的缺點,有許多人說是罵人太過,吾卻不是如
> 此說。在中國這樣混濁社會中講革新,動筆就會罵人,如何可
> 以免得。不過這裏頭也須有個分別,辯駁人家的議論說幾句感

情話，原也常有的事，但是專找些輕佻刻薄的話來攻擊個人，這是中國自來文人的惡習，主張革新思想的，如何自己反革不了這惡習慣呢？像《新青年》通信欄中常有這種筆墨，令人看了生厭。本來通信一門是將彼此辯論的理由給一般人看的，並不是專與某甲某乙對罵用的，就便罵得很對，將某甲某乙罵一個狗血噴頭，與思想界有什麼好處呢？難道罵了他一頓，以後這人就不會有這樣的主張了麼？卻反令旁觀者生厭，減少議論的價值。吾敢說《新青年》如果沒有這幾篇刻薄罵人的文章，鼓吹的效果，總要比今天大一倍。吾是敬愛《新青年》的人，很望以後刪除這種無謂的筆墨，並希望劉半農先生也少說這種毫無意思的作揖主義。[123]

胡適在回答「革新家態度問題」時稱：「先生對於這個問題的議論，句句都是從自己經驗上來的，所以說得十分懇切，我們讀了很感激先生的好意。」借下來引錄自己在5卷1號《新青年》上的說法，即所謂「主張儘管趨於極端，議論定須平心靜氣」，算是呼應藍君的批評，並代表《新青年》同人作自我反省[124]。

值得注意的是，《新青年》同人中，對「罵人」公開表示不妥的，只有胡適。而且，就連胡適本人，後來也承認陳獨秀之「不容他人之匡正」自有其道理。在敘述文學革命進程的〈逼上梁山〉中，胡適引述了他與陳獨秀關於是否允許批評的通信，然後加了個按語：

這樣武斷的態度，真是一個老革命黨的口氣。我們一年多的文學討論的結果，得著了這樣一個堅強的革命家做宣傳者，做推行者，不久就成為一個有力的大運動了。[125]

這裏突出陳獨秀作為「宣傳者」、「推行者」的作用，可如果是「思想家」或「探索者」呢？至於爭議最大的「謾罵」，胡適後來也傾向於欣賞。晚年口述自傳，提及「陳獨秀竟然把大批古文宗師一棒打成『十八妖魔』。錢玄同也提出了流傳一時的名句『選學妖孽』和『桐城謬種』」，胡適再也沒有指責的意味。而是承認：「這幾句口號一時遠近流傳，因而它們也為文學革命找到了革命的對象。」[126]

即便當年「主張歡迎反對的言論」，胡適也是從如何完善「輿論家的手段」的角度著眼，而不是像他的前輩章太炎那樣，主張「文化多元」[127]，或者基於「橫看成嶺側成峰」的民間智慧。在這一點上，胡先驌的批評是有道理的：

> 夫他人之議論，不能強以盡同於我也，我之主張，恐亦未必全是也。故他人議論之或不當也，盡可據論理以折之。且彼與我持異議者，未必全無學問，全無見解，全無道德也。即彼所論或有未當，亦無容非笑之、謾罵之不遺餘力也。
>
> ……甚有人謂世無王敬軒其人，彼新文學家特偽擬此書，以為謾罵舊學之具。誠如此，則尤悖一切批評之原則矣。流風所被，絕無批評，但有謾罵。[128]

胡適表示願意接納批評，是一種紳士姿態；至於《新青年》其他同人，連這點姿態都免了。那麼，為什麼陳獨秀等「革新家」明知「『罵人』本是惡俗」，卻偏要採取如此「偏激」的言說姿態？

這裏牽涉到陳獨秀等人對於文化傳統、民眾心理以及改革事業的基本判斷，並非只是個策略選擇的問題。在〈文學革命論〉一文中，陳獨秀有段十分沉痛的話，很能顯示那時改革者的心理狀態：

> 吾苟偷庸懦之國民，畏革命如蛇蠍。故政治界雖經三次革命，
> 而黑暗未嘗稍減。其原因之小部分，則為三次革命皆虎頭蛇
> 尾，未能充分以鮮血洗淨舊污；其大部分，則為盤踞吾人精神
> 界根深底固之倫理道德、文學、藝術諸端，莫不黑幕層張，垢
> 污深積，並此虎頭蛇尾之革命而未有焉。❿

對時局、對國民性、對文化傳統的深刻懷疑，使陳獨秀等人對於按部
就班、溫文爾雅、和風細雨的改革能否奏效很不樂觀，因而傾向於採
用激烈的手段，「畢其功於一役」。這種時代風氣，從晚清譚嗣同的
「烈士心態」，到劉師培的「激烈主義」，再到五四新文化人大都默認
的「矯枉必須過正」，都是假定改革必須付出代價，惟有「鮮血」能
夠「洗淨舊污」。

　　考慮到群眾的麻木以及對抗中必不可少的損耗，革命家於是語不
驚人死不休，故意將問題推到極端，在警醒公眾的同時，也保留折中
迴旋的餘地。在〈無聲的中國〉中，魯迅曾論及這種革命家的思維方
式：

> 中國人的性情是總喜歡調和，折中的。譬如你說，這屋子太
> 暗，須在這裏開一個窗，大家一定不允許的。但如果你主張拆
> 掉屋頂，他們就會來調和，願意開窗了。沒有更激烈的主張，
> 他們總連平和的改革也不肯行。那時白話文之得以通行，就因
> 為有廢掉中國字而用羅馬字母的議論的緣故。❿

這廢掉漢字的「極端言論」，正是出於思想「偏激」、「所主張常涉兩
極端」，說話「必說到十二分」的錢玄同先生❿。作為一種政治／思
想運動的策略，極端思維自有其好處。鄭振鐸在敘述五四新文化運動
進程時，專門強調：

好在陳獨秀們是始終抱著不退讓，不妥協的態度的，對於自己的主張是絕對的信守著，「不容反對者有討論之餘地」。遂不至上了折衷派的大當。[132]

但另一方面，過於講求「策略性」，追求最大限度的「現場效果」，未免相對忽視了理論的自恰與完整。至於由此而激發若干原本不必要的兇猛對抗，尚在其次。

「鐵肩擔道義，妙手著文章」，新文化人的這一自我期待，使其言談舉止中，充溢著悲壯感。這一方面使其具有道德上的優勢，論爭中難得體會對方言論的合理性；另一方面注重勇氣而不是智慧，認準了路，一直往前走，從不左顧右盼。唐德剛整理《胡適口述自傳》時，在「文學革命」那一章加了條有趣的注釋：

> 搞文學革命和搞政治革命有許多相同的地方。其中很重要的一點就是革命家一定要年輕有衝勁。他們抓到幾句動聽的口號，就篤信不移。然後就煽動群眾，視死如歸，不成功則成仁。至於這些口號，除一時有其煽動性之外，在學理上究有多少真理，則又當別論。[133]

「提倡學術」猶如唐德剛所說的「搞革命」，同樣需要「篤信不移」，而不是不斷的自我反省。經過一番艱苦卓絕的上下求索，五四新文化人大都有了堅定的信仰——不管是自由主義、無政府主義、馬克思主義，還是兼及文學的托爾斯泰主義、尼采主義、易卜生主義。有信仰，有激情，加上知識淵博，五四那代人顯得特別自信。更何況，作為各種「主義」基石的「現代性想像」，其時正如日中天，沒像今天這樣受到嚴峻挑戰。這種狀態下，新派人士難免有點先知先覺者的

「傲慢與偏見」。

傅斯年在回顧其追隨《新青年》師長，創辦《新潮》雜誌，挑戰傳統勢力時，有這麼一段自我批評：

> 我們有點勇猛的精神，同時有個武斷的毛病。要說便說，說得太快了，於是乎容易錯。觀察研究不能仔細，判斷不能平心靜氣，——我不敢為我自己諱。㉞

說到「平心靜氣」，不只《新潮》做不到，《新青年》做不到，晚清以降眾多提倡革新的報章，全都沒有真正做到。一是國勢危急，時不我待；二是大家都還沒掌握好大眾傳媒的特點，說話容易過火。批評《新青年》好罵人的《學衡》諸君，其論辯文章又何嘗「平心靜氣」。胡先驌挖苦胡適的文章，也夠刻薄的，難怪人家很不高興—旁徵博引，洋洋灑灑三萬餘言，論證《嘗試集》「無論以古今中外何種之眼光觀之，其形式精神，皆無可取」，唯一的價值是告訴年輕人「此路不通」。㉟

晚清及五四的思想文化界，絕少真正意義上的「辯論」，有的只是你死我活的「論戰」。這與報刊文章的容易簡化、趨於煽情不無關係。真正的「辯論」，需要冷靜客觀，需要條分縷析，而且對參與者與旁觀者的學識智力有較高的要求。還有一點，這種真正意義上的「辯論」，很可能沒有戲劇性，也缺乏觀賞性。大眾傳媒需要吸引盡可能多的讀者／受眾，因而，誇張的語調，雜文的筆法，乃至「挑戰權威」與「過激之詞」等，都是必不可少的佐料。所謂「吾敢說《新青年》如果沒有這幾篇刻薄罵人的文章，鼓吹的效果，總要比今天大一倍」，藍志先顯然不太瞭解大眾心理以及傳媒特點。單就對「報章之文」的掌握而言，《新青年》同人明顯在《學衡》諸君之上。只要稍

微翻閱魯迅的〈估《學衡》〉❻，以及胡先驌的〈評《嘗試集》〉，二者文章的高低，以及爭論時之勝負，幾乎可以立斷。

從思想史角度切入「文學革命」，《新青年》同人容易顯得「高瞻遠矚」——道德優勢、整體主義思維特徵、泛政治化傾向，再加上以雜誌為陣地，其發起的文學革命，必定是理論先行，聲勢浩大。至於說如此「提倡學術」，是否必定導致「壟斷輿論」，這取決於反對派的實力。

當初創造社崛起時，打的也是「對抗壟斷」的旗幟。《時事新報》1921年9月29日刊出的〈純文學季刊《創造》出版預告〉，很能代表郭沫若、郁達夫等人的志氣與意氣：

> 自文化運動發生後，我國新文藝為一二偶像壟斷，以致藝術之新興氣運，漸滅將盡。創造社同人奮然興起打破社會因襲，主張藝術獨立，願與天下之無名作家共興起而造成中國未來之國民文學。

這裏所說的「壟斷文壇」，指的是此前成立的文學研究會。創造社之挑戰文學研究會，有文學理想及創作方法的分歧，可意氣之爭也是重要因素。好在創造社很快憑藉實力，打出屬於自己的一片新天地。

這是新文學發展史上的一件大事，各方都無法迴避。茅盾〈《中國新文學大系·小說一集》導言〉以及鄭伯奇〈《中國新文學大系·小說三集》導言〉，分別敘說文學研究會和創造社的崛起，一個說「這決不是『包辦』或『壟斷』文壇，像當時有些人所想像」，隱指創造社的無事生非；另一個接過話頭，「然而久而久之，文學研究會的成員漸漸固定了，變成了一個同人團體，那卻是不容否認的」，繼續為創造社之反抗「壟斷」辯解。

　　《新青年》之迅速崛起，不可避免地對他人造成壓迫。不管是否有意「排斥異己」，《新青年》的走紅，打破了原有的平衡，其佔據中心舞臺，確有走向「壟斷輿論」的趨勢。因此，《學衡》的奮起抗爭，有其合理性。而《學衡》諸君學有根基，其文化保守主義立場，也自有其價值，值得充分理解與同情。倘若能像創造社那樣，在中國思想文化界「打出屬於自己的一片新天地」，形成雙峰對峙的局面，未嘗不是一件大好事。可惜《學衡》諸君不只道德及文化理念與時代潮流相左，其表達方式也有明顯的缺陷──胡先驌等文之引證繁複，語言囉嗦，加上賣弄學問⓭，哪比得上《新青年》同人之思維清晰，表達簡潔，切近當下生活，而且莊諧並用，新詩、小說、通信、隨感一起上──因此，其「打破壟斷」的願望，沒能真正實現。

六、 文化資本與歷史記憶

　　在為紀念北京大學創立二十五周年而撰的〈回顧與反省〉中，胡適這樣描述北大：「開風氣則有餘，創造學術則不足。」⓭這話同樣可移用來評價《新青年》，尤其是其關於文學革命的提倡。這也是幾乎所有革命者的共同命運──意識到的歷史責任，與自家興趣及實際能力之間存在一定距離，故很難避免「理念」大於「實績」的譏諷。可有一點，談論現代中國的「新文學」，《新青年》是個無法繞開的題目。無論你如何不服氣，《新青年》提倡文學革命的功績，看來是無可動搖的了。

　　當初新文化運動蓬勃展開，《新青年》雜誌名聲大振，對此，《學衡》主將吳宓很不以為然，悻悻然稱：

　　　　故中國文化史上，誰當列名，應俟後來史家定案。非可以局中

> 人自為論斷，孰能以其附和一家之說與否，而遂定一人之功
> 罪。⒀

可到目前為止，歷史學家還是普遍推崇《新青年》——雖然對《學衡》的評價也有所提升。

吳宓對《新青年》很不服氣，除了理念不同，還有一點，認為陳獨秀、胡適等人之所以「暴得大名」，很大程度上得益於其學術背景——北京大學。所謂「又握教育之權柄」云云⒁，指的便是這一點。梅光迪同樣指責《新青年》同人「尤借重於團體機關，以推廣其勢力」，而且，話說得更明白：

> 彼等之學校，則指為最高學府，竭力揄揚，以顯其聲勢之赫
> 奕，根據地之深固重大。甚且利用西洋學者，為之傀儡，以便
> 依附取榮，凌傲於國人之前矣。⒂

所謂「利用西洋學者」，此乃五四時期所有革新家的共同思路；就連《學衡》，不也滿紙「白璧德」？關鍵在於「最高學府」的權威性，確實對一般青年讀者有很大的吸引力。「熱心西學」的「少年學子」，之所以「誤以此一派之宗師，為惟一之泰山北斗」⒃，不就因為人家是「最高學府」嗎？這是最讓吳宓等《學衡》諸君痛心疾首的。

此說並非毫無來由。那位給陳獨秀寫信，希望《新青年》不要每號必有幾句「罵人」話的讀者愛真，便有這麼一段很誠懇的自我表白：

> 我抱了掃毒主義已有七八年了。無如帝小力微，所以收得的效
> 果很小。

先生等，都是大學教授，都是大學問家。帚大力大，掃起來自
然是比人家格外利害。將來的收穫，也一定是格外豐富的！**⑭**

這可不像是嘲諷性質的「反話」。《新青年》的讀者，對於其時唯一
的國立大學，以及「都是大學問家」的大學教授，還是存有敬畏之心
的。這也是胡適在口述自傳時，特別強調陳獨秀、錢玄同對其〈文學
改良芻議〉的支持。為什麼？就因為陳是國立北京大學文科學長，錢
是北大著名教授、古文大家、「國學大師章太炎的門人」。初出茅廬
的「留學生」胡適，其文學革命主張能得到這兩位學界重量級人物的
支持，焉能不「聲勢大振」**⑭**？

　　毋庸諱言，《新青年》的成功，確實得益於其強大的學術背景。
雖然也曾刊出啟事，稱不宜「把《新青年》和北京大學混為一談」
⑭，但《新青年》主體乃北大教授這一事實，已足以提供強大的文化
資源——包括象徵性的以及實質性的。

　　《學衡》創刊的1922年，吳宓等人所在的東南大學才剛剛成立。
雖然前有三江師範學堂（1902）、南京高師的傳統，後有中央大學的
輝煌，但一直到1927年底，東南大學還無法與北京大學比肩。北伐成
功，國民政府定都南京，原先的東南大學，經由一番蛻變，成為首都
乃至全國的「第一高校」——中央大學（1928）。作為「首都大學」，
中央大學的迅速崛起有其必然性。對於大學來說，「近水樓臺先得
月」；對於政府來說，意識形態控制必須借助最高學府的支持。這種
權力與知識的共謀，使得中央大學獲得了更多發展的動力與資源，有
一段時間明顯凌駕於北大之上**⑭**。

　　《學衡》諸君都是學有所長的專家學者，其對西洋文明以及傳統
中國文化的瞭解，很可能不在《新青年》同人之下。但若論名聲以及
對於社會歷史進程的影響，二者則無法比拼。關鍵在於各自所選擇的

道路，以及思想方法和論述策略。除此之外，必須承認，北京大學這一學術背景，還是起了很大作用。可《新青年》同人提倡「思想革命」與「文學革命」，之所以青史留名，文化資本外，還得益於歷史記憶。

關於《新青年》的「歷史記憶」，不完全是自然而然地形成的，也包括《新青年》同人自身的努力。胡先驌嘲笑胡適擅長「內台叫好」，具體所指乃《五十年來中國之文學》中對於白話文運動的表彰❿。可這話更適合於《嘗試集》。關於《嘗試集》，胡適有過許多「戲臺裏喝彩」，從具體詩作的品鑒，到「個人主張文學革命的小史」的述說，再到「胡適之體」的闡釋❿。作為潛心「嘗試」白話詩寫作的適之先生，精益求精固然值得欽佩，有點功名心也完全可以理解。在此「製作經典」的過程中，最令人驚訝的舉動，還是邀請周氏兄弟等五位當世名流為其「刪詩」。此舉表面上謙卑，實則隱含了對於自家詩集的歷史定位：不滿足於「開創之功」，因而必須苦心經營其「經典之作」❿。而這種經營是有效的，我們今天關於「文學革命」的歷史敘述，受胡適〈逼上梁山〉、〈《中國新文學大系‧建設理論集》導言〉以及《胡適口述自傳》的影響很深。

這也是勝利者常有的姿態——在敘述歷史的同時，不忘自我表彰。如此不斷強化的「文化記憶」，不能不影響到後世的歷史敘述。今天我們可能對五四新文化運動的另一面——比如《學衡》諸君的理念感興趣，可當你進入歷史，就會發現，你很難像談論《新青年》那樣談論《學衡》。因為，人物形象模糊，故事不太連貫，缺乏必要的細節，無法復原生動的歷史場景，你叫我怎麼娓娓道來？相比之下，關於《新青年》的敘事是如此完整，如此生動，以至你感到那段歷史似乎觸手可及。而這可不僅僅是「優勝劣敗，自然淘汰」，其中包含新文化人的苦心經營。

不管是著作、人物，還是報刊、社團，能否「流芳千古」，時間是個很重要的因素。以作品為例，二十年後還有人閱讀，是小成；五十年後不被遺忘，是中成；如果一百年後仍然被記憶，那可就是大成了。大約就在《新青年》誕生二十年之際，或者說停刊十幾年後，早已星流雲散的《新青年》同人，由於某種特殊的機緣，在回憶中重新聚首，述說友情，同時彩繪歷史，為後世之「《新青年》敘事」奠定牢靠的根基。

我所說的機緣，很明顯，是指《中國新文學大系》的編纂。1933年，劉半農在編纂《初期白話詩稿》時，引了陳衡哲「我們都是三代以上的古人了」的慨歎，然後加以發揮：

> 這十五年中國內文藝界已經有了顯著的變動和相當的進步，就把我們這班當初努力於文藝革新的人，一擠擠成了三代以上的古人，這是我們應當於慚愧之餘感覺到十二分的喜悅與安慰的。⑩

這段話，被《中國新文學大系》的編纂者再三提及。比如阿英的〈《中國新文學運動史資料》序記〉，以及茅盾撰於1935年4月的〈十年前的教訓〉⑪，都提到劉半農的這段感慨。鄭振鐸的表述更加直截了當：

> 而初期的為白話文運動而爭鬥的勇士們，像錢玄同們，便都也轉向的轉向，沉默的沉默了。
>
> 只有魯迅，周作人還是不斷的努力著，成為新文壇的雙柱。⑫

這段話，在肯定周氏兄弟業績的同時，也在為《新青年》事業劃句號。值得注意的是，胡適、周作人、魯迅等與劉半農關係更為密切且

被鄭振鐸劃為「三代以上的古人」的人們，反倒迴避這一略帶傷感的感慨⑤。

　　「三代以上的古人」這樣的感慨，既沉重，又敏感，牽涉到五四「文學革命」與1930年代「革命文學」的衝突。儘管代與代、先驅與後繼、當事人與觀察者、追憶歷史與關注當下，決定了對於「新文學」的歷史建構，各方意見會有分歧；但經由《中國新文學大系》的編纂，《新青年》同人的文學事業得到了前所未有的肯定。「大系」各集的編者，各有其理論背景，也各有其現實利益，但既然在1917—1927的框架中書寫歷史，《新青年》的開創之功，無論如何必須首先肯定。就像蔡元培在〈總序〉中所說的：

> 主張以白話代文言，而高揭文學革命的旗幟，這是從《新青年》
> 時代開始的。⑭

翻閱《中國新文學大系》各集的「導言」，《新青年》是個繞不過去的話題；至於魯迅、茅盾、鄭振鐸、朱自清等，更是開篇就從《新青年》說起。

　　不是從戊戌變法、辛亥革命或者五四運動，也不是從《新小說》、《民報》或《南社叢刊》，而是從《新青年》說起，這一「新文學」原點的確定，對於日後的歷史敘述，關係重大。在這個意義上，《中國新文學大系》的編纂，不只是保留資料，更是書寫歷史。就在此新文學「經典化」的過程中，《新青年》同人發揮了巨大作用—除了撰寫「總序」的蔡元培，還有負責「建設理論集」的胡適、「小說二集」的魯迅、「散文一集」的周作人。此外，《新潮》社及文研會的鄭振鐸、茅盾、朱自清等，其立場也接近《新青年》同人。因此，可以這麼說，對於「中國現代文學」學科影響極為深遠的《中國新文

學大系》，其關於「文學革命」的歷史敘述，深深打上了《新青年》同人的烙印。

關於五四一代如何借助「大系」的編纂，加強「文學革命」的歷史記憶，並恰到好處地建立起有關「新文學」的權威敘事，學界近年多有研究 ⑮，這裏不再細說。其實，還有另外一件事，同樣影響後世對於「新文學」的敘述。那便是因陳獨秀、李大釗著作的出版，以及劉半農的突然去世，早已分手的《新青年》同人追憶往事，感慨唏噓。

1932 年，在〈《自選集》自序〉中，魯迅曾慨歎《新青年》同人的分手。這段話十分有名，常被研究者引用：

> 後來《新青年》的團體散掉了，有的高升，有的退隱，有的前進，我又經驗了一回同一戰陣中的夥伴還是會這麼變化，並且落得一個「作家」的頭銜，依然在沙漠中走來走去，……新的戰友在那裏呢？⑯

中間刪去的部分，是魯迅自述其雜文、小說及散文詩的寫作。我關心的是，漸入晚年的魯迅，其對於「成了游勇，布不成陣了」的精神狀態的描述。毫無疑問，此時的魯迅，十分懷念《新青年》時期同人的並肩戰鬥。第二、三年，因緣際會，魯迅在文章中三懷故人，恰好都涉及早年的《新青年》事業。

1933年3月，魯迅撰〈我怎樣做起小說來〉，提及「說到為什麼做小說，仍抱十多年前的『啟蒙主義』」，還專門介紹〈狂人日記〉的寫作過程：

> 但是《新青年》的編輯者，卻一回一回的來催，催幾回，我就

做一篇，這裏我必得紀念陳獨秀先生，他是催促我做小說最著力的一個。⓲

那時陳獨秀正在國民黨的監獄裏服刑，魯迅寫這段話時，肯定感慨遙深。同年5月，魯迅撰〈《守常全集》題記〉，其中有云：

> 我最初看見守常先生的時候，是在獨秀先生邀去商量怎樣進行《新青年》的集會上，這樣就算認識了。不知道他其時是否已是共產主義者。總之，給我的印象是很好的：誠實，謙和，不多說話。《新青年》的同人中，雖然也很有喜歡明爭暗鬥，扶植自己勢力的人，但他一直到後來，絕對的不是。⓲

寫下這段文字時，魯迅所面對的，只能是《新青年》時代「站在同一戰線上的夥伴」李大釗的遺文了。面對著這「先驅者的遺產，革命史上的豐碑」⓲，魯迅能不更加感懷昔日的戰友？

一年後，又一個《新青年》的夥伴劉半農去世。此前，魯迅與在京的劉、錢、周、胡等《新青年》同人，其實已經相當隔膜了。可獲悉這消息，魯迅還是很快寫出了聲情並茂的〈憶劉半農君〉，其中專門提到劉在新文化運動時期「很打了幾次大仗」：

> 我已經忘記了怎麼和他初次會面，以及他怎麼能到了北京。他到北京，恐怕是在《新青年》投稿之後，由蔡孑民先生或陳獨秀先生去請來的，到了之後，當然更是《新青年》裏的一個戰士。他活潑，勇敢，很打了幾次大仗。譬如罷，答王敬軒的雙簧信，「她」字和「牠」字的創造，就都是的。這兩件，現在看起來，自然是瑣屑得很，但那是十多年前，單是提倡新式標

點，就會有一大群人「若喪考妣」，恨不得「食肉寢皮」的時候，所以的確是「大仗」。現在的二十左右的青年，大約很少有人知道三十年前，單是剪下辮子就會坐牢或殺頭的了。然而這曾經是事實。⑯

這還不夠，魯迅還專門為劉半農常被學界詬病的「淺」辯解：「不錯，半農確是淺。但他的淺，卻如一條清溪，澄澈見底，縱有多少沉渣和腐草，也不掩其大體的清。」由劉半農生發開來，魯迅無限深情地回憶起《新青年》的其他戰友：

> 《新青年》每出一期，就開一次編輯會，商定下一期的稿件。其時最惹我注意的是陳獨秀和胡適之。假如將韜略比作一間倉庫罷，獨秀先生的是外面豎一面大旗，大書道：「內皆武器，來者小心！」但那門卻開著的，裏面有幾枝槍，幾把刀，一目了然，用不著提防。適之先生的是緊緊的關著門，門上粘一條小紙條道：「內無武器，請勿疑慮。」這自然可以是真的，但有些人——至少是我這樣的人——有時總不免要側著頭想一想。半農卻是令人不覺其有「武庫」的一個人，所以我佩服陳胡，卻親近半農。⑯

值得注意的是，這裏對陳、胡、劉三人的描述，既貼切，又友善，並無特別嘲諷的意味。看來，即便堅強如魯迅先生，懷舊的心情依舊戰勝了一時的政治紛爭。

同樣面對劉半農的突然去世，錢玄同先是發表〈亡友劉半農先生〉，表揚其果敢以及「常常做白話新詩」；後又撰長篇輓聯，上聯涉及其提倡文學革命的業績：

> 當編輯《新青年》時，全仗帶情感的筆鋒，推翻那陳腐文章，
> 昏亂思想；曾仿江陰「四句頭山歌」，創作活潑清新的《揚鞭》
> 《瓦釜》。回溯在文學革命旗下，勳績弘多；更于世道有功，是
> 痛詆乩壇，嚴斥「臉譜」。⑯

至於劉半農另一位好友周作人，也在《人間世》上撰文，稱讚「半農
的真」，以及「半農的雜學」。不過，具體敘述時，仍舊在《新青年》
上做文章：

> 民國六年春間我來北京，在《新青年》中初見到半農的文章，
> 那時他還在南方，留下一種很深的印象，這是幾篇〈靈霞館筆
> 記〉，覺得有清新的生氣，這在別人筆下是沒有的。⑯

蔡元培也在〈哀劉半農先生〉中提及「先生在《新青年》上提倡白話
詩文」，更強調半農兼有科學家的「收斂」與文學家的「放任」⑯。

　　如果再加上兩年後魯迅去世，蔡元培、周作人、錢玄同等人紛紛
撰寫悼念文章，不約而同重提《新青年》時期的親密接觸，短短幾年
間，竟然集中了這麼多以《新青年》為背景的悼亡或懷舊之作。而不
管是追憶者，還是被追憶者，均為當時知名度極高的文人學者；不難
想像，作為貫串線索的《新青年》，如何因此激起好奇心及閱讀熱
情。正是在此背景下，1936年，上海亞東圖書館和求益書社聯合推出
重印本《新青年》。

　　約略與此同時，身陷囹圄的「五四新文化運動總司令」陳獨秀，
也引起世人的普遍關注。亞東圖書館不失時機地將《新青年》上陳獨
秀的文章彙編成冊，以《獨秀文存》名目出版（1933年），並敦請德
高望重的蔡元培撰寫序言。蔡序提及陳獨秀任北大文科學長後，如何

與沈尹默、錢玄同、劉半農、周作人、胡適等密切配合，在《新青年》上發起新文化運動。接下來，蔡先生這樣評價陳獨秀的文章：

> 這部文存所存的，都是陳君在《新青年》上發表過的文，大抵取推翻舊習慣、創造新生命的態度；而文筆廉悍，足藥拖沓含糊等病；即到今日，仍沒有失掉青年模範文的資格。我所以寫幾句話，替他介紹。 ⑯

既想保護陳獨秀的安全，也希望忠實於歷史，在此前後，蔡元培多次在文章中刻意強調陳獨秀在新文化運動中的巨大貢獻 ⑯。

1937年8月下旬，陳獨秀因抗戰爆發而提前出獄。三個月後，陳撰〈我對於魯迅之認識〉，回憶此前一年去世的魯迅，也是從《新青年》落筆：

> 魯迅先生和他的弟弟啟明先生，都是《新青年》作者之一，雖然不是最主要的作者，發表的文字也很不少，尤其是啟明先生；然而他們兩位，都有他們自己獨立的思想，不是因為附和《新青年》作者中那一個人而參加，所以他們的作品在《新青年》中特別有價值，這是我個人的私見。 ⑯

此文之所以值得格外關注，不只是因其表揚魯迅的先進思想與幽默文章，更使得我們所勾勒的1933—1937年間《新青年》同人的「大聚會」，得到完滿的結局。

當然，此後周作人以及胡適的「《新青年》敘事」還在繼續；但即便只有1930年代的這些敘事，已經足夠讓《新青年》流芳千古了。微拉‧施瓦支在《中國的啟蒙運動——知識份子與五四遺產》中，提

到變幻莫測的「五四『回憶史』」，即五四運動的參加者、觀察者和批評者都是「有選擇地運用他們的回憶」：

> 每當救國的壓力增強時，他們更多地回憶政治方面的內容；每當社會氣氛有利於實現知識份子解放的目標時，他們就回憶適應啟蒙的需要開展的文化論戰。[169]

回憶過去，往往是為了展望未來；五四運動實在太有名了，不免被各家各派所利用。寓言化、神話化、象徵化「五四運動」的同時，也意味著這一段歷史被工具化。

可仔細考辨，你會發現一個有趣的現象：關於五四運動或新文化歷史的敘述，各家之間差異最小的，是關於《新青年》部分。舉個例子，美國學者周策縱1960年在哈佛大學出版社推出的《五四運動：現代中國的思想革命》，與中國學者彭明1983年初版、1998年修訂的《五四運動》，政治觀念與史學訓練差別很大，但前者的第三章〈運動的開始階段：初期的文學和思想活動〉與後者的第五章〈啟封建之蒙——「五四」前的新文化運動〉，對於《新青年》的創辦經過及歷史功績的描述，卻頗為接近[170]。其實，道理很簡單，因為《新青年》同人的自我建構已經相當完整[171]，不容你隨便扭曲。

談論《新青年》之歷史功績，從文學史、還是從思想史、政治史角度立論，會有相當明顯的差異。本文綜合考慮《新青年》同人的自我定位、後世史家的持續研究，以及我對「五四神話」的獨特理解，希望兼及思想史與文學史——首先將《新青年》還原為「一代名刊」，在此基礎上，發掘其「思想史視野中的文學」所可能潛藏的歷史價值及現實意義。

2001年5月—2002年10月，北京西三旗寓所／臺北長興街客舍

注釋

❶ 〈《新青年》第一、二、三、四、五卷合裝本全五冊再版〉,《新青年》7卷1號,1919年12月。

❷ 〈《新青年》自一至五卷再版預約〉,《新青年》6卷5號,1919年5月。

❸ 胡適:〈與高一涵等四位的信〉,《努力週報》75期,1923年10月。

❹ 參見拙文〈雜誌與時代〉,《掬水集》140—142頁,天津:百花文藝出版社,2001年。

❺ 郭湛波:《近五十年中國思想史》第82頁,濟南:山東人民出版社,1997年(據1936年北平人文書店版重印)。

❻ 參看彭明《五四運動史》(修訂本)第五章,北京:人民出版社,1998年;蕭超然《北京大學與五四運動》第二章,北京:北京大學出版社,1986年;周策縱著、周子平等譯:《五四運動:現代中國的思想革命》第三章,南京:江蘇人民出版社,1996年;微拉·施瓦支著、李國英等譯《中國的啟蒙運動——知識份子與五四遺產》第二章,太原:山西人民出版社,1989年。

❼ 《五四時期期刊介紹》第一集(北京:三聯書店,1978)〈《新青年》〉章的最後一節專門討論《新青年》與報刊工作;陳萬雄《五四新文化的源流》(北京:三聯書店,1997)第一章題為〈《新青年》及其作者〉;拙文〈學問家與輿論家〉(《讀書》1997年11期)關注《新青年》中的「通信」與「隨感」;李憲瑜〈《新青年》研究〉(北京大學博士論文,2000年,未刊)設第五章〈欄目與文體〉。

❽ 參閱周策縱著、周子平等譯:《五四運動:現代中國的思想革命》第59頁。所謂百年,是從1815年於南洋馬六甲創辦的《察世俗每月統記傳》說起。

⑨ 據汪原放《回憶亞東圖書館》（上海：學林出版社，1983）稱，群益書社每月提供編輯費及稿費二百元（32頁）。

⑩ 參見拙著《二十世紀中國小說史》第1卷76—81頁，北京：北京大學出版社，1989年。

⑪〈本誌編輯部啟事〉，《新青年》4卷3號，1918年3月。

⑫〈通告〉，《新青年》2卷1號，1916年9月。

⑬ 參見陳獨秀〈新青年〉一文，刊《新青年》2卷1號，1916年9月。

⑭ 蕭超然《北京大學與五四運動》稱「陳獨秀應讀者的希望，更名為《新青年》，添加一個『新』字，以與其鼓吹新思想、新文化的內容名實相符」（38頁），屬於想當然的猜想。事情的緣起是，上海基督教青年會曾寫信給群益書社，指責《青年雜誌》與他們創刊於1901年的《上海青年》（週刊）雷同，陳子壽商得陳獨秀同意，從第二卷起改名《新青年》（參見汪原放《回憶亞東圖書館》32—33頁）。

⑮ 參見陳萬雄《五四新文化的源流》第6頁、11—12頁。

⑯ 參見《新青年》6卷1號（1919年1月）的〈第六卷分期編輯表〉。

⑰〈社告〉，《青年雜誌》1卷1號，1915年9月。

⑱ 參見鄭觀應《盛世危言‧學校上》（《鄭觀應集》上冊247頁，上海：上海人民出版社，1982）及梁啟超《自由書‧傳播文明三利器》（《飲冰室合集‧專集》第2冊41頁，上海：中華書局，1936）。

⑲〈《新青年》編輯部啟事〉，《新青年》6卷2號，1919年2月。

⑳《青年雜誌》初創時只發行一千份，改刊後印數上升，最多時月銷一萬五、六千本，參見汪原放《回憶亞東圖書館》第32頁。

㉑ 參見李憲瑜《〈新青年〉研究》的〈緒論〉第二節。

㉒ 參見〈關於《新青年》問題的幾封信〉，見張靜廬輯《中國現代出版史料》甲編7—16頁，北京：中華書局，1956年。

㉓ 《周作人日記》中冊52頁，鄭州：大象出版社，1996年。

㉔ 胡適是這樣陳述為何必須將《新青年》遷回北京：「《新青年》在北京編輯或可以多逼迫北京同人做點文章。否則獨秀在上海時尚不易催稿，何況此時在素不相識的人的手裏呢？」（〈關於《新青年》問題的幾封信〉（見《中國現代出版史料》甲編9頁），後一句明顯帶有怨氣，「素不相識」四字值得關注——可以體會到此次分裂中的「個人意氣」成分。因此前陳獨秀給李大釗、錢玄同、胡適等《新青年》同人的信中，通告他們：「望道先生已移住編輯部，以後來稿請寄編輯部陳望道先生收不誤」（參見《胡適來往書信選》上冊116頁，北京：中華書局，1979）。

㉕ 參見〈關於《新青年》問題的幾封信〉，見張靜廬輯《中國現代出版史料》甲編10頁。

㉖ 當年在北大講授新聞學的徐寶璜，在其代表作《新聞學》（北京：北京大學出版部，1919）中，特別強調：「若僅代表一人或一黨之意思，則機關報耳，不足云代表輿論也。新聞紙亦社會產品之一種，故亦受社會之支配。如願為機關報，而顯然發表與國民輿論相反的言論，則必不見重於社會，而失其本有之勢力。」徐雖被蔡元培聘為北大文科教授兼校長室秘書，與《新青年》同人並無密切合作，但這段話有助於瞭解胡適等人的立場。

㉗ 馬列著作編譯局主編的《五四時期期刊介紹》第一集從另一角度立論，批評出版於中國共產黨成立後的第九卷《新青年》「也還沒有完全消除這個統一戰線性質的某些較微弱的痕跡」，一直要到改成季刊後，《新青年》方才「成了純粹以宣傳馬克思主義思想為目的的刊物」（29頁）。

㉘ 陳萬雄稱《新青年》第一卷為「同仁雜誌時期」（見《五四新文化的源流》第一章第一節），李憲瑜將《新青年》四至六卷命名為

「北京大學的同人雜誌」（見《新青年研究》第三章），我則傾向於將一至九卷的《新青年》全都作為「同人雜誌」來分析。

㉙ 獨秀：〈隨感錄七十五·新出版物〉，《新青年》7卷2號，1920年1月。

㉚〈社告〉，《青年雜誌》1卷1號，1915年9月。

㉛ 陳獨秀：〈敬告青年〉，《青年雜誌》1卷1號，1915年9月。

㉜ 陳獨秀：〈敬告青年〉。

㉝ 參見陳獨秀〈新青年〉一文，載《新青年》2卷1號，1916年9月。

㉞ 陳獨秀：〈本誌罪案之答辯書〉，《新青年》6卷1號，1919年1月。

㉟ 陳獨秀：〈本誌罪案之答辯書〉。

㊱〈本誌宣言〉，《新青年》7卷1號，1919年12月。

㊲ 參見張靜廬編《中國現代出版史料》甲編中〈關於《新青年》問題的幾封信〉。

㊳ 協調諸同人意見，並給陳獨秀回信的是胡適；建議將《新青年》遷回北京，並「聲明不談政治」的也是胡適。

㊴ 參見〈關於《新青年》問題的幾封信〉，張靜廬編《中國現代出版史料》甲編11頁。

㊵〈錢玄同致胡適〉，見《胡適來往書信選》上冊122頁。

㊶〈致胡適〉，《魯迅全集》11卷371頁，北京：人民文學出版社，1981年。

㊷ 參見拙文〈作為文學史家的魯迅〉，《文學史的形成與建構》14—55頁，南寧：廣西教育出版社，1999年。

㊸ 參見〈關於《新青年》問題的幾封信〉，張靜廬編《中國現代出版史料》甲編第7頁。

㊹ 參見王庸工、記者（陳獨秀）〈通信〉（《青年雜誌》1卷1號，1915年9月）以及陳獨秀〈一九一六年〉（《青年雜誌》1卷5號，1916年1

月）。

㊺ 參見胡適〈我的歧路〉（《努力週報》7期，1922年6月）、〈紀念「五四」〉（《獨立評論》149號，1935年5月）和《胡適口述自傳》第九章（北京：華文出版社，1992）。

㊻ 參見〈關於《新青年》問題的幾封信〉，張靜廬編《中國現代出版史料》甲編第13頁。

㊼ 參見〈《吶喊》自序〉，《魯迅全集》1卷419頁。

㊽ 參見〈申報館條例〉，《申報》1872年4月30日。

㊾ 三愛（陳獨秀）：〈論戲曲〉，《陳獨秀文章選編》上冊57—60頁，北京：三聯書店，1984年。此文初刊《安徽俗話報》第11期，後以文言改寫，刊《新小說》第2期。

㊿ 陳獨秀：〈現代歐洲文藝史譚〉，《青年雜誌》1卷3號，1915年11月。

○51 陳獨秀〈文學革命論〉，《新青年》2卷6號，1917年2月。

○52 參見胡適的〈文學改良芻議〉（《新青年》2卷5號，1917年1月）和陳獨秀的〈文學革命論〉（《新青年》2卷6號，1917年2月）。

○53 胡適、獨秀：〈通信〉，《新青年》3卷3號，1917年5月。

○54 參見胡適〈逼上梁山〉，《中國新文學大系·建設理論集》27頁，上海：良友圖書印刷公司，1935年。

○55 參見王國維〈文學小言〉（《教育世界》139號，1906年12月）、摩西（黃人）〈《小說林》發刊詞〉（《小說林》1期，1907年2月）以及獨應（周作人）的〈論文章之意義暨其使命因及中國近時論文之失〉（《河南》4、5期，1908年5、6月）等。

○56 〈摩羅詩力說〉初刊1908年2、3月《河南》2、3期，署名令飛。據北岡正子《〈摩羅詩力說〉材源考》（何乃英譯，北京師範大學出版社，1983），魯迅撰述此文時多有借鑒；但此乃晚清介紹西學時

的通例，不必苛求。值得注意的是，此文主旨十分明確，表彰「立意在反抗，指歸在動作」的摩羅詩人，呼喚「精神界之戰士」。而這兩點，日後貫穿整個「魯迅文學」。

(57) 參見胡適〈論短篇小說〉，《新青年》4卷5號，1918年5月。

(58) 關於晚清小說及小說觀念的轉變，近年著述頗多，可主要參閱拙著《中國小說敘事模式的轉變》（上海：上海人民出版社，1988）和《二十世紀中國小說史》第一卷（北京：北京大學出版社，1989）、袁進《中國小說的近代變革》（北京：中國社會科學出版社，1992）、康來新《晚清小說理論研究》（臺北：大安出版社，1986）、賴芳伶《清末小說與社會政治變遷》（臺北：大安出版社，1994）、黃錦珠《晚清時期小說觀念之轉變》（臺北：文史哲出版社，1995）、樽本照雄《清末小說論集》（京都：法律文化社，1992），以及Milena Dolezelova--Velingerova(editor),*The Chinese Novel at the Turn of the Century* (University of Toronto Press,1980), David Der-wei Wang,*Fin-de-siecle Splendor:Repressed Modernities of Late Qing Fiction,1849-1911*（Stanford University Press,1997）。

(59) 胡適：〈文學改良芻議〉，《新青年》2卷5號，1917年1月。

(60) 胡適、獨秀：〈通信〉，《新青年》2卷2號，1916年10月。

(61) 在〈逼上梁山〉一文中，胡適敘述其如何改動八事的次第，將「不避俗字俗語」放在最後，目的是「很鄭重的提出我的白話文學的主張」，參見《中國新文學大系·建設理論集》25頁。

(62) 參見胡適〈文學改良芻議〉及陳獨秀的識語，見《新青年》2卷5號，1917年1月。

(63) 魯迅：〈《二十四孝圖》〉，《魯迅全集》2卷251頁。

(64) 汪暉在〈預言與危機——中國現代歷史中的「五四」啟蒙運動〉（《文學評論》1989年3—4期）一文中，對五四啟蒙運動的「態度的

同一性」有精彩的論述，可參閱。

(65) 參見王楓《新文學的建立與現代書面語的產生》（北京大學博士論文，2000年，未刊）第四章〈「國語運動」與「文學革命」〉。

(66) 參見《教育雜誌》12卷2號（1920年2月）及黎錦熙《國語運動史綱》卷二（上海：商務印書館，1935）。

(67) 戈公振：《中國報學史》第192頁，北京：三聯書店，1955年。

(68) 參見王敬軒、半農〈文學革命之反響〉，《新青年》4卷3號，1918年3月。

(69) 錢玄同〈中國今後之文字問題〉，《新青年》4卷4號，1918年4月。

(70) 參見劉半農、獨秀〈通信〉，《新青年》3卷3號，1917年5月。

(71) 參見張厚載、胡適、錢玄同、劉半農、獨秀〈新文學及中國舊戲〉，《新青年》4卷6號，1918年6月。

(72) 錢玄同：〈隨感錄十八〉，《新青年》5卷1號，1918年7月。

(73) 傅斯年：〈戲劇改良各面觀〉，《新青年》5卷4號，1918年10月。

(74) 參見梁啟超〈論小說與群治之關係〉，《新小說》1號，1902年11月。

(75) 胡適：〈文學進化觀念與戲劇改良〉，《新青年》5卷4號，1918年10月。

(76) 周作人、錢玄同：〈論中國舊戲之應廢〉，《新青年》5卷5號，1918年11月。

(77) 參見王曉明〈一份雜誌和一個「社團」〉，《刺叢裏的求索》，上海：遠東出版社，1995年。

(78)〈人的文學〉刊《新青年》5卷6號，1918年12月；〈思想革命〉初刊《每週評論》11號（1919年3月），署名仲密，1919年4月出版的6卷4號《新青年》予以轉載。

79 〈《吶喊》自序〉,《魯迅全集》1卷419頁。

80 參見拙著《中華文化通志・散文小說志》192—198頁,上海:上海人民出版社,1998年。

81 參見譚嗣同〈報章文體說〉,《時務報》29、30冊,1897年6月。

82 蔡元培:〈《中國新文學大系》總序〉9頁,《中國新文學大系・建設理論集》。

83 黎錦熙:《錢玄同先生傳》,載曹述敬《錢玄同年譜》147—202頁,濟南:齊魯書社,1986年。此處引文見《錢玄同年譜》170—171頁。

84 6卷4號《新青年》(1919年4月15日)上,刊有一則〈新青年記者啟事〉,標題是「女子問題」:「本誌於此問題,久欲有所論列。只以社友多屬男子,越俎代言,慮不切當。敢求女同胞諸君,於『女子教育』、『女子職業』、『結婚』、『離婚』、『再醮』、『姑媳同居』、『獨身生活』、『避妊』、『女子參政』、『法律上女子權利』等關於女子諸重大問題,任擇其一,各就所見,發表於本誌。一以徵女界之思想,一以示青年之指標。無計於文之長短優劣,主張之新舊是非,本誌一律彙登,以容眾見。記者倘有一得之愚,將亦附驥尾以披露焉。」很可能是因其時女子教育沒有充分開展,加上五四運動很快爆發,《新青年》邀請「女同胞諸君」討論「女子問題」的設想並沒有真正落實。

85 胡先驌:〈評胡適《五十年來中國之文學》〉,《學衡》18期,1923年6月。

86 胡適:〈《中國新文學大系・建設理論集》導言〉1—2頁,《中國新文學大系・建設理論集》。

87 〈《中國新文學大系・小說二集》導言〉,《魯迅全集》6卷238—239頁。

(88) 魯迅：〈《中國新文學大系・小說二集》導言〉，《魯迅全集》6卷238頁。

(89) 參見陳獨秀給胡適的覆信（《新青年》2卷2號，1916年10月），以及劉半農的〈我之文學改良觀〉和陳獨秀為此文所作「識語」(《新青年》3卷3號，1917年5月)。

(90) 胡適：〈《中國新文學大系・建設理論集》導言〉31頁，《中國新文學大系・建設理論集》。

(91) 周作人：〈《揚鞭集》序〉，《語絲》82期，1926年6月。

(92) 沈從文：〈讀劉半農的《揚鞭集》〉，《文藝月刊》2卷2期，1931年。

(93) 參見朱自清為《中國新文學大系・詩集》撰寫的〈導言〉及〈選詩雜記〉，《朱自清全集》4卷366—385頁，南京：江蘇教育出版社，1990年。

(94) 周作人：〈《揚鞭集》序〉，《語絲》82期，1926年6月。

(95)〈《集外集》序言〉，《魯迅全集》7卷4頁。

(96)〈《吶喊》自序〉，《魯迅全集》1卷419頁。

(97) 錢玄同：〈我對於周豫才君之追憶與略評〉，《師大月刊》30期，1936年。

(98) 魯迅1928年撰〈《奔流》編校後記（三）〉（見《魯迅全集》7卷162-163頁），有如此大段「文鈔」：「前些時，偶然翻閱日本青木正兒的《支那文藝論叢》，看見在一篇〈將胡適漩在中心的文學革命〉裏，有云——

『民國七年（1918）六月，《新青年》突然出了「易卜生號」。這是文學底革命軍進攻舊劇的城的鳴鏑。那陣勢，是以胡將軍的〈易卜生主義〉為先鋒，胡適、羅家倫共譯的〈娜拉〉(至第三幕)，陶履恭的〈國民之敵〉和吳弱男的〈小愛友夫〉(各

第一幕）為中軍，袁振英的〈易卜生傳〉為殿軍，勇壯地出陳。他們的進攻這城的行動，原是戰鬥的次序，非向這裏不可的，但使他們至於如此迅速地成為奇兵底的原因，卻似乎是這樣——因為其時恰恰崑曲在北京突然盛行，所以就有對此叫出反抗之聲的必要了。那真相，徵之同誌的翌月號上錢玄同君之所說(隨感錄十八)，漏著反抗底口吻，是明明白白的。……』」

(99) 參見張厚載、胡適、錢玄同、劉半農、獨秀〈新文學與中國舊戲〉(4卷6號），胡適〈文學進化觀念與戲劇改良〉(5卷4號），傅斯年〈戲劇改良各面觀〉(5卷4號)、〈再論戲劇改良〉(5卷4號)。張厚載〈我的中國舊戲觀〉(5卷4號），周作人、錢玄同〈論中國舊戲之應廢〉(5卷5號）等文。

(100) 參見李憲瑜〈「公眾論壇」與「自己的園地」——《新青年》雜誌「通信」欄〉，《中國現代文學研究叢刊》2002年3期。

(101)〈《胡適留學日記》自序〉，《胡適留學日記》，上海：商務印書館，1947年。

(102) 唐俟（魯迅）：〈渡河與引路〉，《新青年》5卷5號，1918年11月。

(103) 參見《胡適口述自傳》第七章，《胡適文集》1卷322頁，北京：北京大學出版社，1998年。

(104) 參見〈《熱風》題記〉，《魯迅全集》1卷291頁。

(105)〈《且介亭雜文二集》後記〉，《魯迅全集》6卷451頁。

(106)〈《熱風》題記〉，《魯迅全集》1卷291頁。

(107) 參見魯迅致周作人、許廣平信，《魯迅全集》11卷391頁 、47頁。

(108) 參閱拙著《中華文化通志·散文小說志》204—211頁。

(109) 參見錢理群等《中國現代文學三十年》147—148頁，北京：北京大學出版社，1998年。

(110) 吳宓：〈論新文化運動〉，《學衡》4期，1922年4月。

(111) 胡先驌：〈論批評家之責任〉，《學衡》3期，1922年3月。

(112) 梅光迪：〈評今人提倡學術之方法〉，《學衡》2期，1922年2月。

(113) 梅光迪：〈評今人提倡學術之方法〉。

(114) 胡先驌：〈論批評家之責任〉，《學衡》3期，1922年3月。

(115) 胡先驌：〈論批評家之責任〉。

(116) 參見賴光臨《中國近代報人與報業》532、535頁，臺北：商務印書館，1980年

(117) 崇拜王敬軒先生者、獨秀：〈討論學理之自由權〉，《新青年》4卷6號，1918年6月。

(118) 魯迅在〈渡河與引路〉中建議：「只須將誠懇切實的討論按期登載，其他不負責任的隨口批評，沒有常識的問難，至多只要答他一回，此後便不必多說，省出紙墨移作別用。例如見鬼、求仙、打臉之類，明明白白全是毫無常識的事情，《新青年》卻還和他們反覆辯論，對他們說『二五得一十』的道理，這功夫豈不可惜，這事業豈不可憐？」

(119) 王敬軒、半農：〈文學革命之反響〉，《新青年》4卷3號，1918年3月。

(120) 汪懋祖、胡適：〈讀新青年〉，《新青年》5卷1號，1918年7月。

(121) 戴主一、錢玄同：〈駁王敬軒君信之反動〉，《新青年》5卷1號，1918年7月。

(122) 愛真、獨秀：〈五毒〉，《新青年》5卷6號，1918年12月。

(123)〈藍志先答胡適書〉，《新青年》6卷4號，1919年4月。

(124)〈胡適答藍志先書〉，《新青年》6卷4號，1919年4月。

(125) 胡適：〈逼上梁山〉，《胡適文集》1卷163頁。

(126) 參見《胡適口述自傳》第七章，《胡適文集》1卷322頁。

(127) 參閱拙著《中國現代學術之建立》第六章，北京：北京大學出版社，1998年。

(128) 胡先驌：〈論批評家之責任〉，《學衡》3期，1922年3月。

(129) 陳獨秀：〈文學革命論〉，《新青年》2卷6號，1917年2月。

(130)〈無聲的中國〉，《魯迅全集》4卷13—14頁。

(131) 周作人〈錢玄同的復古與反復古〉(《文史資料選輯》第94輯，北京：文史資料出版社，1984）提及，「玄同所主張常涉兩極端」，而且這種思想「偏激」，「是他自己所承認的」。據黎錦熙在《錢玄同先生傳》中追憶：「從前魯迅批評他：十分話最多只須說到八分，而玄同則必須說到十二分。」(見曹述敬《錢玄同年譜》173頁）

(132) 鄭振鐸：〈《中國新文學大系．文學論爭集》導言〉5頁，《中國新文學大系．文學論爭集》，上海：良友圖書印刷公司，1935年。

(133) 參見《胡適口述自傳》第七章注釋6，《胡適文集》1卷324頁。

(134) 傅斯年：〈《新潮》之回顧與前瞻〉，《新潮》2卷1號，1919年10月。

(135) 胡先驌：〈評《嘗試集》〉，《學衡》1、2期，1922年1、2月。

(136) 魯迅：〈估《學衡》〉，《魯迅全集》1卷377—379頁。

(137) 胡先驌的〈論批評家之責任〉(《學衡》3期，1922年3月）說理清晰，但稱「欲以歐西文化之眼光，將吾國舊學重行估值，無論為建設的破壞的批評，必對於中外歷史、文化、社會、風俗、政治、宗教，有適當之研究」，接下來從屈原到趙熙，一口氣開列近八十家詩文集，再加上希臘、拉丁、英、德、法、意等五十幾家的著作，最後告訴你，「以上所舉，幾為最少甚且不足之程度」。言下之意，如沒讀過這些詩文集，免開尊口。又不是哈佛大學的博士資格考試，如此設立門檻，明顯地賣弄學問，極易讓人反

感。

138 胡適：〈回顧與反省〉，1922年12月17日《北京大學日刊》。

139 吳宓：〈論新文化運動〉，《學衡》4期，1922年4月。

140 吳宓：〈論新文化運動〉。

141 梅光迪：〈評今人提倡學術之方法〉，《學衡》2期，1922年2月。

142 吳宓：〈論新文化運動〉，《學衡》4期，1922年4月。

143 愛真、獨秀：〈五毒〉，《新青年》5卷6號，1918年12月。

144 《胡適口述自傳》第七章，《胡適文集》1卷318—322頁。

145 參見〈《新青年》編輯部啟事〉，《新青年》6卷2號，1919年2月。

146 參見拙文〈首都的遷徙與大學的命運——民國年間的北京大學與中央大學〉，《文史知識》2002年5期。

147 參見胡先驌〈評胡適《五十年來中國之文學》〉，《學衡》18期，1923年6月。

148 參見《嘗試集》初版、再版和四版的自序，以及〈談談「胡適之體」的詩〉（《自由評論》12期，1936年2月）。

149 參見拙文〈經典是怎樣形成的——周氏兄弟等為胡適刪詩考〉，《魯迅研究月刊》2001年4—5期。

150 劉半農：《初期白話詩稿·序目》，北平：星雲堂書店，1933年。

151 參見阿英〈《中國新文學運動史資料》序記〉，《阿英文集》137—138頁，北京：三聯書店，1979年；茅盾（清）〈十年前的教訓〉，《文學》4卷4號，1935年4月。

152 鄭振鐸：〈《中國新文學大系·文學論爭集》導言〉8頁，《中國新文學大系·文學論爭集》。

153 參見楊志《「史家」意識與「選家」眼光的交融——《中國新文學大系》（1917—1927）研究》之〈在「分期」問題上的衝突〉一節，北京大學碩士論文，未刊稿，2002年。

⑭ 蔡元培：〈《中國新文學大系》總序〉10頁，《中國新文學大系·建設理論集》。

⑮ 參見劉禾〝The Making of the Compendiun of Modern Chinese Literature〞（ *Translingual Practice*,Stanford University Press,1995）、溫儒敏〈論《中國新文學大系》的學科史價值〉（《文學評論》2001年3期）、羅崗〈解釋歷史的力量——現代「文學」的確立與《中國新文學大系》（1917—1927）的出版〉（《開放時代》2001年5月號）。

⑯〈《自選集》自序〉，《魯迅全集》4卷456頁。

⑰〈我怎麼做起小說來〉，《魯迅全集》4卷512頁。陳獨秀在「五四」時期，確曾極力敦促魯迅從事小說寫作，如1920年3月11日致周作人信：「我們很盼望豫才先生為《新青年》創作小說，請先生告訴他。」同年8月22日信：「魯迅兄做的小說，我實在五體投地的佩服。」（水如編《陳獨秀書信集》251、258頁，北京：新華出版社，1987）

⑱〈《守常全集》題記〉，《魯迅全集》4卷523頁。

⑲〈《守常全集》題記〉，《魯迅全集》4卷524—525頁。

⑳〈憶劉半農君〉，《魯迅全集》6卷71頁。

㉑〈憶劉半農君〉，《魯迅全集》6卷71—72頁，

㉒ 參見錢玄同〈亡友劉半農先生〉（1934年7月21日北平《世界日報·國語週刊》）及〈劉半農先生輓詞〉（1934年10月13日北平《世界日報·國語週刊》）。

㉓ 知堂：〈半農紀念〉，《人間世》18期，1934年12月。

㉔ 蔡元培：〈哀劉半農先生〉，《人間世》10期，1934年8月。

㉕ 蔡元培：〈《獨秀文存》序〉，《蔡元培全集》6卷271頁，北京：中華書局，1988年。

㉖ 除上述〈《中國新文學大系》總序〉，還有〈我在北京大學的經歷〉

及〈我在教育界的經驗〉等。

⑯ 陳獨秀:〈我對於魯迅之認識〉,《陳獨秀文章選編》下冊564頁,
北京:三聯書店,1984年。

⑱ 微拉‧施瓦支著,李國英等譯《中國的啟蒙運動——知識份子與五
四遺產》307頁,太原:山西人民出版社,1989年。

⑲ 參見周策縱著、周子平等譯《五四運動:現代中國的思想革命》
(南京:江蘇人民出版社,1996)第三章,以及彭明《五四運動》
(北京:人民出版社,1998)第五章。

⑰ 「完整」不等於「完美」,作為當事人,《新青年》同人的「文學
革命敘事」,自有其無法避免的盲點。比如,過於強調「反叛」與
「斷裂」,否定晚清文學改良的作用;對於《學衡》諸君以及所謂
《禮拜六》派的譏諷,也有言過其實甚至強詞奪理的地方。

一本詩集

《嘗試集》是怎樣成為經典的

年輕的北大教授胡適

　　中文的「經典」與英文的「CANON」，都是相當鄭重的字眼。除了泛指各宗教宣傳教義的根本性著作，還指向傳統的具有權威性的著述；其作用，不只因自身具有長久的閱讀或研究價值，還可作為同類書籍的標準與典範。因此，一時代的精神價值與文化取向，往往依靠其產生的「經典著作」來呈現。

　　承認每個時代每個民族甚至每個專業領域都可能為人類歷史奉獻自己的「經典著作」，如此開放的期待視野，無形中大大擴展了「經典」的隊伍。基本含義沒變，可遴選的標準卻大為降低。在寬容的現代人眼中，「經典」可以是臨時性的──只要為一時代的讀者廣泛認可，即不妨冠以此稱。這個意義上的「經典」，當然不像《論語》或《聖經》那樣「堅不可摧」，而是需要在歷史長河中，經由一系列的沉浮，再最終確定其地位。放眼望去，你會發現，同是「經典」，二十年、五十年、一百年、五百年、一千年、兩千年，年紀大小與含金量的高低基本上成正比。兩千年前的「經典」，也會面臨陰晴圓缺，但有朝一日完全被遺忘的可能性不大；反過來，二十年前的「經典」，則隨時可能因時勢遷移而遭淘汰出局。

　　一部作品之成為「經典」，除了自身的資質，還需要歷史機遇，需要時間淘洗，需要闡釋者的高瞻遠矚，更需要廣大讀者的積極參與。著眼於長時段者，往往強調歷史是公正的；可在中、短時段的視野中，經典的篩選，不可避免為政治、文化、性別、種族等偏見所左右。充當伯樂的，或許只是一時衝動；隨聲附和者，也未見得真的十分喜歡。可聲勢一旦形成，將信將疑的讀者，便都不敢公開挑戰已成定見的「社會共識」。只是到了「忽喇喇大廈將傾」，才會騰起錢塘江大潮般的批評聲浪。如此說來，歷史判斷的「公正性」，並非毋庸質疑。

　　質疑「經典」一詞的含義，或者追究某部作品是否浪得虛名，在

我看來，都不如探究「經典是怎樣形成的」有意思。因為不管人們如何事後諸葛亮，嘲笑當初並不明智的選擇；可一部經典之得以確立，必定有其值得認真辨析的「機緣」。而對於解讀一時代的文化趣味，這是個絕好的切入角度。

何為經典，不同時代、不同群體的讀者，很可能會有截然不同的答覆。在文化價值日趨多元的今日，要想推舉學界公認的經典之作，實在是難於上青天。遠的還好說，比如評選唐詩宋詞；近的可就麻煩多多了，比如談論二十世紀中國文學。想想謝冕等先生主編那兩套關於百年中國的「文學經典」所激起的「公憤」❶，就不難明白其中奧秘。獨斷之學行不通，於是退而求其次，有了廣泛徵求意見、由若干著名作家和學者投票確定的「百年百種優秀中國文學圖書」❷。比起「文學經典」來，「優秀圖書」的命名，未免過於平實，在眾多「世紀末大餐」面前，顯得很不起眼。平靜過關固然是好事，可迴避了極易引起爭議的「經典是怎樣形成的」，還是有點可惜。

我之關注此話題，基於一個基本事實：為何世紀末大結帳，沒有名篇入選《百年中國文學經典》的詩人胡適❸，其《嘗試集》竟成了「百年百種優秀中國文學圖書」之一？不是評價尺度寬緊的問題，也並非評選者不同導致的偏差，作為新詩人的胡適，有名著而無名篇，此乃目前中國學界的主流意見。已經幾起幾落的《嘗試集》，目前雖然沒有多少讀者，可史家就是不敢遺忘。這裏涉及兩種不同意義的「經典」，一是歷久彌新，青春常在，依舊介入當代人的精神生活；一是事過境遷，隱入背景，但作為里程碑永遠存在。《嘗試集》無疑屬於後者。

我要追問的是，像《嘗試集》這樣的作品，確立其「經典」地位的，除了人所共知的歷史機遇與大師推舉，還有沒有別的因素。比如，作者本人的努力、同道的支持以及制度的保證，是否也是重要的

因素？如此立說，很大程度並非緣於理論推導，而是胡適《嘗試集》刪改底本的發現，使我們得以在一窺廬山真面目的同時，反省「經典是怎樣形成的」這樣有趣而又不太容易說清楚的命題。

一、 刪詩事件

　　無論你站在什麼文化立場，談論現代中國「新詩的奠基」，總無法迴避胡適的《嘗試集》。只是當論者淋漓盡致地褒貶抑揚時，往往忽略了一個關鍵性的細節，即通行本的《嘗試集》（增訂四版），並非只是胡適個人心血的凝聚。這部前無古人的新詩集，1920年3月由上海亞東圖書館推出後，當即風行海內，兩年間增訂兩次，銷售萬冊。為使其能夠更長久地領異標新，詩人花了三個月的時間，將其刪繁就簡。另外，又補充了若干廣受好評的新作，並認真撰寫了四版自序。在這一藉「刪詩」確立權威性的過程中，魯迅等同好的介入，不無「錦上添花」的意味。

　　魯迅、周作人等曾為胡適刪詩，此事即便算不上「路人皆知」，也絕不是什麼文壇秘密。因為此等雅事，擱在「我的朋友胡適之」那裏，不可能藏而不露。果不其然，在〈《嘗試集》四版自序〉中，就有如下詳盡的表述：

> 刪詩的事，起於民國九年的年底。當時我自己刪了一遍，把刪剩的本子，送給任叔永、陳莎菲，請他們再刪一遍。後來又送給「魯迅」先生刪一遍。那時周作人先生病在醫院裏，他也替我刪一遍。後來俞平伯來北京，我又請他刪一遍。他們刪過之後，我自己又仔細看了好幾遍，又刪去了幾首，同時卻也保留了一兩首他們主張刪去的。❹

胡適大舉宣傳的「刪詩事件」，很可惜，在周氏兄弟的日記及書信集，竟沒留下任何蛛絲馬跡。弟弟好說，這段時間剛好生病，五個月沒記日記❺；哥哥呢，日記在，可就是不提。這也難怪，魯迅記日記歷來十分簡要，不像李慈銘、胡適等之喜歡抄上諭、貼剪報，將日記作為著述來經營。可還是有例外，比如此前幾天覆胡適關於《新青年》編輯方針信，日記中便有記載❻。

　　儘管在《嘗試集》的初版、再版和四版自序中，胡適一再聲稱自己的詩集只是「代表『實驗的精神』」❼、「含有點歷史的興趣」❽、「可以使人知道纏腳的人放腳的痛苦」❾，似乎自視不高。可如果只是具有「歷史文獻」的價值，《嘗試集》根本用不著、也不應該一改再改。仔細品味，你會發現，適之先生表面上很謙卑，但一再修訂舊作，而且邀請當世名家幫助「刪詩」，實際上隱含了對於自家詩集的歷史定位：不滿足於「開創之功」，因而必須苦心經營其「經典之作」。

　　關於《嘗試集》，胡適有過許多「戲臺裏喝彩」，從具體詩作的品鑒，到「個人主張文學革命的小史」的述說，再到「胡適之體」的闡釋❿。作為潛心「嘗試」白話詩寫作的適之先生，精益求精固然值得欽佩，有點功名心也完全可以理解。在此「製作經典」的過程中，最令人驚訝的舉動，還是邀請五位當世名流為其「刪詩」。

　　詩人有權隨時隨地修改自家的創作，至於請別人為一部已經名滿天下的詩集「動手術」，則是另一回事。不管詩人態度如何謙虛，讀者都會聯想到對於中國人來說再熟悉不過的孔子刪《詩》之說。據《史記·孔子世家》稱，古者詩三千餘篇，及至孔子，去其重，取可施於禮義者凡三百篇，孔子皆弦歌之，以求合《韶》《武》《雅》《頌》之音。孔子刪《詩》的真偽與是非，後世不無爭議，但畢竟以相信司馬遷所言者為多。胡適並未做直接的比附，但潛意識裏，「刪詩」乃

「確立經典」的必要程式，有「歷史癖」的適之先生，應該明白此中奧妙。

二十年代初的中國詩壇，開始白話詩評選，當即面臨如何建立評選者權威的大問題。這時候，不約而同的，都想到了遙遠的孔子刪《詩》。先是1920年8月崇文書局推出許德鄰所編《分類白話詩選》，節錄劉半農半篇文章為序。劉文原題為〈詩與小說精神上之革新〉，刊《新青年》3卷5號，其中有云：

> 然而三千篇「詩」，被孔丘刪剩了三百十一篇。其餘二千六百八十九篇中，盡有絕妙的「國風」，這老頭兒糊糊塗塗，用了那極不確當的「思無邪」的眼光，將他一概抹殺，簡直是中國文學史上最大的罪人了。⓫

緊隨其後，與胡適關係十分密切的上海亞東圖書館出版了《新詩年選》，北社同人在〈《新詩年選》‧弁言〉中也提到了孔子刪《詩》，不過態度與劉半農迥異：

> 自從孔子刪《詩》，為詩選之祖，而我們得從二千年後，讀其詩想見二千年前的社會情形。中國新文學自「五四」運動而大昌，凡一切制度文物都得要隨世界潮流激變；今人要采風，後人要考古，都有賴乎徵詩。⓬

不管是「分類」還是「年選」，既是篩選與淘汰，就不能不帶有明顯的「暴力傾向」。比附往昔孔聖人之刪《詩》，無論其立論方式為讚賞抑或反駁，都是為了確立批評的標準與選本的權威。

與《分類白話詩選》和《新詩年選》的編者獨掌生殺大權不同，

胡適反而邀請眾友人來為自家已經出版並廣獲好評的《嘗試集》大動手術。此舉之異乎常情，迫使你作多種方式的解讀。詩人之所以如此獨闢蹊徑，到底是希望依靠友人的準確判斷，為讀者提供更加精粹的選本；還是希望借助友人的巨大聲望，為讀者提供更加權威的詩集？或者二者兼而有之？當事人的動機不必過於追究；需要關注的是，此舉所達成的良好效果——即促成了該詩集經典地位的確立。

在「確立經典」這個意義上，「刪詩」所涉及的，遠不只是詩人本身，還包括第一代白話詩人的審美眼光、新詩發展的趨向、白話詩理論與實踐之間的張力等饒有趣味的問題。解讀此非同尋常的「刪詩事件」，單靠〈《嘗試集》四版自序〉的簡要介紹，無論如何是不夠的。因為這只是一面之詞，胡適對他人意見的轉述是否準確，有無隱瞞或曲解，還有，刪改的理由何在，全都不得而知。

一個偶然的機緣——北京大學圖書館新發現一批胡適遺物，其中包括當年刪詩的底本，以及周氏兄弟的來信——使得揭穿謎底成為可能。本文先對新發現的史料略做介紹，再從不同側面逐一鉤稽，力圖較為全面地展現這一新詩經典產生的過程。

北大圖書館新發現的《嘗試集》刪改本，係以1920年9月再版本做底本，封面上有如下三處或紅或黑的題簽：

> 「九，十二，廿四，用紅筆刪改一過。」
> 「十，一，一，用墨筆又刪去兩首。」
> 「叔永，莎菲，豫才，啟明各刪定一遍。」

數目字表示兩次刪改的時間，即民國9年12月24日和民國10年1月1日。叔永等四人豎排並列，加一大括弧，表明全都參與；本文改為橫排，只好依適之先生習慣，添上三個逗號。其餘的標點，均屬原有。

如此密集的逗號、句號，可見胡適「嘗試」白話以及標點符號之信心是何等堅定。

目錄頁上，佈滿大大小小的紅圈、黑圈，有代表胡適本人意見的，也有莎菲（陳衡哲）、叔永（任鴻雋）等的選擇。如果眾人判斷分歧，胡適還會將各方意見逐一抄錄，以供參考。如〈蔚藍的天上〉後便有附注：「豫才刪，啟明以為可存。莎菲刪，叔永以為可刪。」目錄頁後面，抄錄了準備補進第四版的十五首新作的篇目。初版便有的錢玄同序和作者自序，則被用紅筆一筆勾銷。至於正文中的若干鉛筆批註（據目錄頁上的說明，此乃陳衡哲的手筆），以及被紅筆圈掉但又「失而復得」的篇作，將在具體論述時提及。

目錄上，貼一小紙片，上寫俞平伯的刪改意見，係胡適的筆跡。估計俞氏只是口頭表述，沒有留下文字材料，故意見雖明確，但「不成體統」。歸納起來是，建議刪去〈虞美人〉、〈江上〉、〈寒江〉、〈一念〉、〈送叔永〉、〈我的兒子〉、〈蔚藍的天上〉；主張保留〈鴿子〉、〈看花〉和〈示威〉。

最令人興奮的是，目錄頁前，還黏貼著兩封信，一署「樹」，一署「周作人」。前者僅一紙，用的是「紹興府中學堂試卷」紙，乃魯迅筆跡無疑。後者共兩頁，係普通的八行箋，目前無法判斷何人代筆❸。

也就是說，應邀為胡適刪詩的五位朋友❹，都在此藏本上留下了深淺不同的痕跡。至於對胡適刪詩有影響的，起碼還得算上此前為其作序的錢玄同、大加譏諷的胡先驌，以及諸多書評的作者。所有這些，都為後人進一步的鉤稽與闡發，提供了可能性。白話詩「奠基之作」的最終刊定，得到諸多時賢的襄助，這件事本身就耐人尋味。更何況「刪詩」史料的發現，對於理解第一代白話詩人的趣味，是不可多得的機遇。因此，事雖不大，可說的話卻不少。

　　大概是覺得白話詩的「嘗試」已經過了爭論期，以後當是如何「精益求精」的問題。定本《嘗試集》刪去頗有提倡之功的錢玄同序，對胡先驌的批評也只用戲謔的口吻輕鬆地打發。本文尊重胡適的選擇，先圍繞〈《嘗試集》四版自序〉提及的任、陳、康、俞以及二周的意見展開論述，最後落實胡適的自我調整以及經典的形成過程時，方才牽涉錢玄同、胡先驌等人的褒貶文章。

二、老朋友的意見

　　增訂四版《嘗試集》前，冠有胡適1916年8月4日答叔永書。以早年書札作為〈代序一〉，這既體現適之先生「歷史進化」的眼光，也可看出其對老朋友的尊重。因此，請留美時期的詩友、歸國後仍過從甚密的任鴻雋、陳衡哲夫婦為其「刪詩」，自在情理之中。

　　不必做複雜的歷史考證，單是翻看《嘗試集》，也能感覺到胡適與任、陳夫婦的交情非同一般。詩題中有〈「赫貞旦」答叔永〉、〈送叔永回四川〉、〈將去綺色佳，叔永以詩贈別，作此奉和，即以留別〉，還有副題「別叔永、杏佛、覲莊」的〈文學篇〉、副題「送叔永、莎菲到南京」的〈晨星篇〉，以及注明「贈任叔永與陳莎菲」的〈我們三個朋友〉。更直接的證據來自〈文學篇〉的「小序」：「若無叔永、杏佛，定無《去國集》。若無叔永、覲莊，定無《嘗試集》。」

　　關於任鴻雋等人如何促成胡適的白話詩嘗試，從1919年8月的〈我為什麼要做白話詩——《嘗試集》自序〉⓯，到1933年底撰寫的〈逼上梁山——文學革命的開始〉⓰，再到五十年代的《胡適口述自傳》⓱，經由胡適本人的再三追憶與闡發，連一般讀者都已耳熟能詳。值得注意的是，在白話詩寫作的「嘗試」中，任君所扮演的角色，並非「同志」，而是「論敵」。

　　正是綺色佳時代的詩友任叔永的反諷與戲擬，促使胡適發誓從三事入手進行「文學革命」，甚至填了那首氣魄非凡的〈沁園春·誓詩〉：

> 文章革命何疑！且準備搴旗作健兒。要前空千古，下開百世，收他臭腐，還我神奇。為大中華，造新文學，此業吾曹欲讓誰？詩材料，有簇新世界，供我驅馳。

至於「《嘗試集》的近因」，據說也是由叔永的批評引起的。胡適在答書中稱：「倘數年之後，竟能用文言白話作文作詩，無不隨心所欲，豈非一大快事？我此時練習白話韻文，頗似新闢一文學殖民地。可惜須單身匹馬前往，不能多得同志結伴而行。」⑱在胡適的眼中，老朋友任鴻雋的挑剔、反駁乃至譏笑，乃是其從事白話詩「實驗」的一大動力。

　　這一「千里走單騎」的傳奇故事，基本上出自胡適本人的自述。如此敘說，是否有貶低友人、拔高自己之嫌？看看任君的回應文字，不難明白。1919年10月30日，任鴻雋致信胡適，稱其讀了刊於《新青年》6卷5號上的〈《嘗試集》自序〉後，「差不多要愧汗浹背了」：

> 我所愧的，並不是我和你那些議論，正是我那幾首舊詩，因為我的詩原來是不敢拜客的。⑲

也就是說，任君不想附會時尚，對於自家當初之反對白話詩，並無絲毫悔改的意思。實際上，此前一年，任還在給胡的信中，挖苦《新青年》之所以刊載白話詩，乃是因製作方便，「在無詩可登時，可站在

機器旁立刻作幾十首」。至於讓胡適大喜過望的支持其文學革命主張的表態，並不包括白話詩的嘗試：

> 雋前書「大贊成」足下之建設的文學革命論者，乃系贊成作文之法及翻譯外國文學名著等事，並非合白話詩文等而一併贊成之，望足下勿誤會。❷

如此決絕的口吻，加上兩個月後再次來信，堅稱「兄等的白話詩（無體無韻）絕不能稱之為詩」❷，可見任君立場之堅定。作為中國科學社的創始人、科學家兼教育家的任鴻雋，並不以文學為業，吟詩只是個人愛好。二十年代的任君，仍不時給老朋友胡適寄贈詩詞，但從不嘗試那「無體無韻」的白話詩❷。

至於陳衡哲，情況則大不一樣。適之先生始終對莎菲女士很有好感，這點不必多言，此處單就「文章知己」立論❷。1914年留美、1920年歸國，任北大西洋史兼英語系教授的陳衡哲，日後主要以歐洲文藝復興史研究知名，但對於早期新文學的貢獻，也頗受文學史家關注。〈《嘗試集》自序〉中有這麼一句話：

> 這兩年來，北京有我的朋友沈尹默，劉半農，周豫才，周啟明，傅斯年，俞平伯，康白情諸位，美國有陳衡哲女士，都努力作白話詩。

從1918至1920年，那位遠在大洋彼岸的陳衡哲女士，已經在《新青年》雜誌上發表新詩〈「人家說我發了癡」〉、〈鳥〉、〈散伍歸來的吉普色〉，以及短劇〈老夫妻〉、小說〈小雨點〉和〈波兒〉等「白話文學」。為其牽線搭橋的，應該是胡適❷。因為據適之先生稱，當初在

美國嘗試白話詩寫作時，任鴻雋等老朋友一致反對，只有一位女士默默地注視並表示支持，那便是莎菲女士。

　　因胡適在談論白話文學起源時的再三鋪陳，世人對胡、任之間的爭論多有瞭解；至於「我們三個朋友」中不太拋頭露面的陳衡哲，其實並非與此毫無關涉。這一點，一直到1928年撰〈《小雨點》序〉時，胡適方才有所陳述：

> 民國五年七八月間，我同梅、任諸君討論文學問題最多，又最激烈。莎菲那時在綺色佳過夏，故知道我們的辯論文字。她雖然沒有加入討論，她的同情卻在我的主張的一面。不久，我為了一件公事就同她通第一次的信；以後我們便常常通信了。她不曾積極地加入這個筆戰；但她對於我的主張的同情，給了我不少的安慰與鼓舞。她是我的一個最早的同志。㉕

在美的最後一年，胡適「和莎菲通了四五十次信」，其中不少涉及詩文創作。這種同道之間的互相支持，確實給正在從事「孤獨的文學實驗」的適之先生很大的安慰與鼓舞。可要進一步推斷，將陳坐實為胡寫作新詩的「煙絲批裏純」（Inspiration，即靈感），而且斷言，「所以新文學、新詩、新文字，尋根究底，功在莎菲！」㉖則又未免言過其實。之所以不認同唐德剛的「大膽假設」，理由很簡單，未同莎菲通訊之前，胡適已開始新詩的嘗試。話題其實應該掉轉過來，不是莎菲女士刺激了適之先生的寫作靈感，而是胡、任之爭以及胡適的大膽嘗試勾起了莎菲的文學興趣。「民國六年以後，莎菲也做了不少的白話詩」，其中好些還是寄給胡適並請其推薦給《新青年》或編入《努力週報》㉗。

　　莎菲女士並非一流詩人，只是修養甚佳，「作點文藝小品自遣」

❷❽，還是像模像樣的。起碼在我看來，其新詩創作並不比胡適遜色。
在胡適1922年2月4日的日記中，黏附有陳衡哲的〈適之回京後三日，
作此詩送給他〉，不妨將其與此前胡適本人的〈我們三個朋友〉對
比，各取同樣抒發依依惜別之情的最後一節為例。先看適之先生的：

> 別三年了，
> 又是一種山川了，──
> 依舊我們三個朋友。
> 此景無雙，
> 此日最難忘，──
> 讓我的新詩祝你們長壽！

接下來再讀莎菲女士的：

> 不能再續！
> 只有後來的追想，
> 像明珠一樣，
> 永遠在我們的心海裏，
> 發出他的美麗的光亮。

二者都不算好詩，胡詩過於直白，陳詩的比喻則欠高明，但尚屬平實
妥帖。當然，早期白話詩的「嘗試」之作，不必苛求。

一個堅持「無體無韻」的白話詩不是詩，一個則是胡適白話詩寫
作「最早的同志」，請這兩位老朋友來幫助刪詩，自是好主意。問題
在於，胡適似乎更看重周氏兄弟的意見，未免有些怠慢了這對老朋
友。因為，仔細比勘，不難發現一個有趣的現象，即任、陳的不少意

見，實際上並沒有被胡適採納。

這當然不能全怪胡適，因其牽涉到刊行增訂四版的目的：到底是為了「飛鴻踏雪泥」呢，還是詩史留印記。倘若像〈蔚藍的天上〉那樣，「豫才刪，啟明以為可存。莎菲刪，叔永以為可刪」，那很好辦，三比一，刪。可仔細品味，叔永、莎菲夫婦的意見中，有些不牽涉藝術鑒賞力之高低，而只是基於懷舊心理。如〈虞美人‧戲朱經農〉「叔永以為可留」，〈寒江〉「莎菲擬存」，看中的未必是藝術，而很可能只是對於共同的留學生涯的懷念。〈送叔永回四川〉俞平伯以為可刪，目錄頁以及正文也都已用紅筆圈掉，可仍有莎菲用鉛筆做的批註：〞A good historical record . keep ？〝（「一份很好的歷史記錄，保存？」）。以上三詩，最後都沒能進入新版。顯然，胡適之所以修訂並重刊《嘗試集》，主要目的不是紀念友情，而是為「文學革命」提供標本。

三、學生的建議

二十年代初，當新詩運動由轟轟烈烈的爭辯，轉為更艱苦卓絕的創造時，第一代白話詩人對於什麼是「新詩」以及新詩發展趨勢的判斷，開始出現分歧。如周作人在〈談新詩〉中抱怨「現在的新詩壇，真可以說消沉極了」，老詩人不大做聲，新進詩人也不見得有多大出息，「大家辛辛苦苦開闢出來的新詩田，卻半途而廢的荒蕪了，讓一班閒人拿去放牛」❷。而胡適則在《嘗試集》初版、二版、四版的自序中，對白話新詩的突飛猛進、尤其是年輕詩人的迅速成長大聲喝彩：「我現在看這些少年詩人的新詩，也很像那纏過腳的婦人，眼裏看著這一班天足的女孩子們跳上跳下，心裏好不妒羨。」❸評價截然不同，但周、胡二君都以年輕詩人的創作占卜新詩的前途。

　　周作人不以新詩為主攻方向，不只對其現狀表示失望，甚至逐漸關閉「文學店」，獨自經營起「自己的園地」來，並最終以別具一格的散文隨筆征服讀者。至於自稱「提倡有心，創造無力」的適之先生，「心裏好不妒羨」的，到底是哪些年輕詩人？這些沒有受過「纏足」束縛的新一代詩人，又是如何看待如小腳放大般的《嘗試集》？這是個有趣的話題。

　　1935年，胡適編纂《中國新文學大系·建設理論集》時，新詩理論方面，除自家文章，還收入了郭沫若的〈論詩通信〉、康白情的〈新詩底我見〉以及俞平伯的〈社會上對於新詩的各種心理觀〉（還有周無的〈詩的將來〉，周無號太玄，專攻生物學，乃著名科學家兼教育家，後不以新詩名世，此處從略）。如此選擇，恰好配合最早面世的四部新詩集：《嘗試集》（1920年3月）、《女神》（1921年8月）、《草兒》（1922年3月）和《冬夜》（1922年3月），可見其選文中隱含著歷史及審美的判斷。

　　儘管在日後的新文學史編纂中，郭沫若的《女神》被捧上雲天，遠離康白情的《草兒》和俞平伯的《冬夜》；可當初，《女神》並不被新詩的「掌門人」胡適看好。按理說，郭詩非常吻合適之先生關於「少年詩人」創作之想像：「大膽的解放」與「新鮮的意味」。因此，胡適不可能完全漠視這一正聲名鵲起的同道。查適之先生1921年8月9日日記，果然有會晤郭沫若後的感想：

> 沫若在日本九州學醫，但他頗有文學的興趣。他的新詩頗有才氣，但思想不大清楚，工力也不好。❸

激情澎湃的《女神》與清新平淡的《嘗試集》，二者在藝術風格上可謂天差地別；而泛神論的主張，在信仰實驗主義的胡適看來，起碼是

無法「拿證據來」。單就文學趣味而言，胡、郭之不能互相欣賞，是再自然不過的了。至於晚年胡適的轉而欣賞「郭沫若早期的新詩」，㉜如果不是別有寄託，便是事過境遷後的自我調整。

那麼，讓適之先生「心裏好不妒羨」的，應該就是康白情和俞平伯了。〈《嘗試集》自序〉中提到的近兩年「都努力作白話詩」的友人，屬於學生輩的有傅斯年、俞平伯、康白情三位。而傅很快轉向學術研究，不再繼續新詩的嘗試；只有俞、康二君確實可做早期白話詩人的代表。

《胡適文存二集》中，有〈評新詩集〉一文，乃是集合兩則書評而成：一說《草兒》，一評《冬夜》。揚康而抑俞，在書評中可謂表露無遺。如此說來，那「使我一頭高興，一頭又很慚愧」的少年詩人，應該就是康白情。這一點，幾乎可以板上釘釘。因為，就在寫作〈《嘗試集》四版自序〉的當天晚上（1922年3月10日），胡適在日記中寫下這麼一段富於感情色彩的話：

> 康白情的《草兒》詩集出版了。近來詩界確有大進步，使我慚愧，又使我歡喜。白情的詩，富於創作力，富於新鮮味兒，很可愛的。《草兒》附有他的舊詩，幾乎沒有一首好的。這可見詩體解放的重要。㉝

在半年後寫作的書評中，胡適將這意思發揮得淋漓盡致。看來，胡適真的很欣賞康詩，以至突破一貫的穩重與矜持，說了不少過頭話。如稱「白情的《草兒》在中國文學史的最大貢獻，在於他的紀遊詩」；「占《草兒》八十四頁的〈廬山紀遊〉三十七首，自然是中國詩史上一件很偉大的作物了」㉞。

胡適看中的是康白情之「自由吐出心裏的東西」，以及語言的清

新活潑，這確實很符合適之先生對於新詩出路的想像。可照康白情的自述，「我不過剪裁時代的東西，表個人的衝動罷了」㉟。這裏所說的「衝動」，主要指向瞬間的情緒與感悟，而不是胡適所欣賞的「思想清楚」。康君所謂「詩是主情的文學。沒有情緒不能作詩；有而不豐也不能作好」的說法㊱，遠離胡適明白曉暢的詩歌理念，與郭沫若開列的關於「詩」的公式更有緣分：「詩＝（直覺×情調×想像）×（適當的文字）」㊲。更有意思的是，康文引述「我的畏友宗白華」的話，強調詩意詩境得益於直接的觀察、體悟與感興；而郭文本身就是寫給宗白華的信。

其時已留學美國的康白情，「從三萬里外來信，替我加上了一個『了』字，方才合白話的文法」，胡適是用很讚賞的口吻提及此事的。而且，還做了借題發揮：「做白話的人，若不講究這種似微細而實重要的地方，便不配做白話，更不配做白話詩。」可恰恰是胡詩中這幾乎無所不在的「了」字，日後備受詩人和史家的譏笑。朱湘稱《嘗試集》中只有十七首是真正意義上的新詩，可「這十七首詩裏面，竟用了三十三個『了』字的韻尾（有一處是三個『了』字成一聯）」。在講究音律的詩人朱湘看來，如此重疊使用「刺耳」的「了」字韻，「未免令人發生一種作者藝術力的薄弱的感覺了」㊳。將近半個世紀後，史家周策縱在〈論胡適的詩〉中舊事重提，批評胡詩「最大一個毛病或痼疾，就是用『了』字結句的停身韻太多了」。周氏甚至下工夫做了一番認真的統計，連《嘗試集》帶《嘗試後集》、《後集未收詩稿》，「總計新體詩（舊體詩詞不算）共六十八題，有『了』結的詩行共一百零一條好漢，平均幾乎每詩快到兩行，不為不多『了』」㊴。在白話詩提倡者適之先生眼中，首先應該關注的，是「白話」而不是「詩」。為了突出「白話的文法」，而相對割捨音律、意境以及想像力，在胡適看來，很可能是「必要的喪失」。因此，我寧肯從「性

情執著」而不是「才情枯竭」的角度，來理解胡適這一不近情理的追求。

欣賞康白情的三萬里外來信，「替我加上了一個『了』字」，與不太喜歡俞平伯的凝煉與幽深，二者互為表裏。就在撰寫〈《嘗試集》四版自序〉五天後，胡適讀到俞平伯剛出版的新詩集《冬夜》，在日記中寫下這麼一段話：

> 俞平伯的《冬夜》詩集出來了。平伯的詩不如白情的詩；但他得力於舊詩詞的地方卻不少。他的詩不很好懂，也許因為他太琢煉的原故，也許是因為我們不能細心體會的緣故。❹

俞平伯的詩「不很好懂」，這不是胡適一個人的意見。詩集尚未出版，已經有不少這樣的批評，以至朱自清必須在序言中預先澄清：

> 平伯底詩，有些人以為艱深難解，有些人以為神秘；我卻不曾覺得這些。……或者因他的詩藝術精煉些，表現得經濟些，有彈性些，匆匆看去，不容易領解，便有人覺得如此麼？那至多也只能說是「艱深難解」罷了。但平伯底詩果然「艱深難解」麼？據我的經驗，只要沉心研索，似也容易了然；作者底「艱深」，或竟由於讀者底疏忽哩。❹

最後一句對適之先生頗有刺激，以至日後撰文時還專門予以引述與辯解❹。日記中之所以在批評俞詩「太琢煉」的同時，又留下「也許是因為我們不能細心體會的原故」這樣的活口，也可見適之先生立論的謹慎。對照俞氏「努力創造民眾化的詩」之主張，胡適提及這位得意門生理論與實踐之間的巨大矛盾：「平伯自有他的好詩」，卻是新詩

人中「最不能『民眾化』的」❹。

俞詩之旖旎纏綿，可謂一目了然，確實不大具有五四時期所推崇的「平民風格」。照康白情的說法，這既得益於古詩詞的修養，也與其天生的「詩人性」有關：

> 俞平伯的詩旖旎纏綿，大概得力於詞。天生就他的詩人性，隨時從句子裏浸出來。做詩最怕做不出詩味。所謂「就是那土和泥，也有些土氣息、泥滋味」，深可發明。所以古人說：「不是詩人莫做詩」。若平伯呢，只怕雖欲不做詩而不可得了。❹

就個人氣質而言，俞氏很可能是嘗試白話詩寫作的年輕詩人中「文人結習」最深、最不具有「平民風格」的。胡適的批評，讓俞平伯猛醒過來，開始順應自家的天性，不再強求詩歌之「民眾化」。

在〈《冬夜》自序〉中，俞平伯還在認真地自我檢討：「我雖主張努力創造民眾化的詩，在實際上做詩，還不免沾染貴族的習氣；這使我慚愧而不安的。」❹而胡適關於《冬夜》的書評發表後，俞平伯當即開始調整思路。先是借為康白情的《草兒》做序，稱新詩初期將「平民的」誤會成「通俗的」，實在不應該；後又以〈致汪君原放書〉作為再版本《冬夜》的「代序」，強調「平民貴族這類形況於我久失卻了它們底意義，在此短劄中更不想引起令人厭而笑的糾紛」❹。在趣味和口號不太統一的情況下，俞氏忠實於自己的文學感覺，而揚棄先前的激進主張。至於「作詩不是求人解，亦非求人不解；能解固然可喜，不能解又豈作者所能為力」❹，明顯是在回應胡適的批評。而以下這段話，更具有積極進取的意味：

> 籠統迷離的空氣自然是不妙；不過包含隱曲卻未嘗和這個有同

163

一的意義。一覽無餘的文字，在散文尚且不可，何況於詩？㊽

此後，無論吟詩作文，俞平伯不再偏離這一方向，始終以「曲折幽深」而不是「一覽無餘」為主導風格。

在早期白話詩中，俞詩之所以顯得精練、幽深，「有『不可把捉的風韻』」，與其講求音律有關。而照朱自清的說法：「平伯這種音律底藝術，大概從舊詩和詞曲中得來。……我們現在要建設新詩底音律，固然應該參考外國詩歌，卻更不能丟了舊詩，詞，曲。」㊾聞一多大致認同朱自清的見解，在〈《冬夜》評論〉中，雖對俞詩「幻想之空疏庸俗」等有所批評，但也承認「凝煉，綿密，婉細是他的音節特色」，「關於這點，當代諸作家，沒有能同俞君比的。這也是俞君對新詩的一個貢獻」。並且斷言：「這種藝術本是從舊詩和詞曲裏蛻化出來的。」㊿問題正在這裏，俞詩中古典詩詞的印記格外醒目，而這在正熱心提倡白話詩寫作的胡適看來，無疑是一大缺陷。

其實，俞平伯本人並非沒有意識到這點。在〈做詩的一點經驗〉中，俞氏慶幸自己欣逢詩歌變革的關頭，「使我能離開一切拘牽，赤裸顯出詩中的自我」，可又坦承「其中或還不免有舊詩詞底作風。這是流露於不自覺的，我承認我自己底無力」(51)。而在〈社會上對於新詩的各種心理觀〉中，俞氏提出關於新詩寫作的四條具體見解，最關鍵的是「限制文言的使用」，即竭力與舊詩劃清界線。擅長舊體詩詞的俞平伯，「時時感用現今白話做詩的苦痛」，故慨歎：「說白話詩容易做的，都是沒有嘗試過的外行話。依我的經驗，白話詩的難處，正在他的自由上面。」(52)

應該說，俞平伯早年關於白話詩的見解，大體不出胡適論述的範圍，只是以自家創作經驗來予以證實。儘管從一開始胡、俞二君的詩文趣味就不太一致，但在體味白話詩寫作的艱難與利弊得失方面，師

生二人頗多共同語言。比如，俞平伯撰〈白話詩的三大條件〉，稱詩乃「發抒美感的文章」，「用白話做詩，發揮人生的美，雖用不著雕琢，終與開口直說不同」❸。此文刊於《新青年》6卷3號時，胡適加一按語，對俞所舉三條建議極表贊成，尤其欣賞「雕琢是陳腐的，修飾是新鮮的」的提法。

正因為師生之間頗為相知，胡適的批評帶有自省的成分。白話詩是否需要如此「艱深難懂」，趣味不同，只好各說各的。至於新詩需要具體性，而不應該沉湎於哲理的陳述，其實也是胡適本人所面對的難題。俞詩「很有意味」，而且「長於描寫」，只是喜歡說理這一點，讓胡適無法接受：

> 平伯最長於描寫，但他偏喜歡說理；他本可以作好詩，只因為他想兼作哲學家，所以越說越不明白，反叫他的好詩被他的哲理埋沒了。

緊接下來，胡適馬上補充一句：「這不是譏諷平伯，這是我細心讀平伯的詩得來的教訓。」❹在我看來，這不完全是客套話。在〈談新詩〉中「戲臺裏喝采」，介紹做詩該如何「抽象的題目用具體的寫法」❺，以及針對魯迅建議刪去〈禮！〉一詩的辯解——「他雖是發議論而不陷於抽象說理」❻，都顯示了抵抗抽象說理對於白話新詩嚴重的危害性。五四「新青年」之喜歡說理，與其單獨歸功於泰戈爾哲理詩的影響，還不如承認大轉折時代追問人生意義以及重建價值觀念的迫切性。

應邀為老師刪詩的俞平伯，只留下一增刪篇目，而未見具體闡釋。不過，仔細尋覓，還是能發現若干蛛絲馬跡。建議刪去〈江上〉，這與魯迅的意見相同；保留〈鴿子〉的主張，則又與周作人的

看法暗合。前者之不被接納，出於主人的個人偏好：「我因為當時的印象太深了，捨不得刪去。」❺至於〈鴿子〉，原已被作者用紅筆圈掉，純粹是因周、俞的大力保薦，才得以存留。此前兩年撰〈談新詩〉，胡適曾做自我檢討：「我自己的新詩，詞調很多，這是不用諱飾的」，舉的例子就包括這首〈鴿子〉❺。而周、俞二君明知故犯，不因〈鴿子〉「帶著詞調」而嫌棄，其對於新詩的預想目標，顯然與胡適頗有距離。這涉及到新詩與舊詩的界限，以及白話詩中能否採用文言、借鑒詞曲，真正將此話題挑開的，並非作為學生的俞平伯，而是更具理論自覺的周作人。

四、二周的眼光

任、陳夫婦乃留美及歸國後多有交往的老友，俞、康為北大任教時的學生，至於周氏兄弟，則是新文化運動中的同道與相知——如此不同視角交叉使用，可見胡適的請人刪詩，計畫是相當周詳的。雖是六人三組，著眼點不同，各有其功用；但相對而言，胡適最看重的，無疑是周氏兄弟的意見。而實際上周氏兄弟也不負所託，提供的建議最為詳盡，且十分得體。

不妨先看看此次新發現的周氏兄弟致胡適的信，再做進一步的分析。1921年1月15日魯迅致胡適信全文如下：

> 適之先生：
> 今天收到你的來信。《嘗試集》也看過了。
> 我的意見是這樣：
> 〈江上〉可刪。
> 〈我的兒子〉全篇可刪。

〈周歲〉可刪；這也只是〈壽詩〉之類。

〈蔚藍的天上〉可刪。

〈例外〉可以不要。

〈禮！〉可刪；與其存〈禮！〉，不如存〈失望〉。

我的意見就只是如此。

啟明生病，醫生說是肋膜炎，不許他動。他對我說，「《去國集》是舊式的詩，也可以不要了。」但我細看，以為內中確有許多好的，所以附著也好。

我不知道啟明是否要有代筆的信給你，或者只是如此。但我先寫我的。

我覺得近作中的〈十一月二十四夜〉實在好。

樹　一月十五日夜

三天後（即1921年1月18日），病中的周作人還是請人代筆，給胡適去信，表明其對於「刪詩」一事的重視。信件全文如下：

適之兄：

你的信和詩稿都已收到了；但因生病，不能細看，所以也無甚意見可說。我當初以為這冊詩集既純是白話詩，《去國集》似可不必附在一起；然而豫才的意思，則以為《去國集》也很可留存，可不必刪去。

集中〈鴿子〉與〈蔚藍的天上〉等敘景的各一篇，我以為都可留存；只有說理，似乎與詩不大相宜，所以如〈我的兒子〉等刪去了也好。

關於形式上，我也有一點意見，我想這回印起來可以考究一點，本文可以用五號字排；又書頁可以用統的，不必一頁隔為

上下兩半。書形也不必定用長方形，即方的或橫方的也都無不可。

你近作的詩很好，我最喜歡最近所作的兩首。

一月十八日　周作人

在具體論說前，請注意周作人關於書籍「形式」的建議。開本改方或橫，或許是不夠莊重，或許是製作困難，反正沒被採納；但書頁用統的，不必隔為上下兩半，這點實現了。病中的周作人，為何特別提醒「這回印起來可以考究一點」，是否意識到這將是「定本」，甚至可能是傳世的「經典」？事後證明，周作人確實有先見之明：一直到1940年印行第十六版，1982年上海書店刊行影印本，以至今日學界普遍引用的，都是此經由眾時賢參與刪定的「增訂四版」。

胡適對周氏兄弟的意見，可說是「分外重視」。查《胡適來往書信選》，1921年2月14日，胡適曾致信周作人，轉達燕京大學的邀請，後有一「附啟」：

> 你們兩位對於我的詩的選擇去取，我都極贊成。只有〈禮！〉一首，我覺得他雖是發議論而不陷於抽象說理，且言語也還乾淨，似尚有可存的價值。其餘的我都依了你們的去取。❺❾

其實，胡適不曾接納魯迅意見的，不只是〈禮！〉，還有一首〈江上〉。在〈《嘗試集》四版自序〉中，有如下的說明：

> 他們刪過之後，我自己又仔細看了好幾遍，又刪去了幾首，同時卻也保留了一兩首他們主張刪去的。例如〈江上〉，「魯迅」與平伯都主張刪，我因為當時的印象太深了，捨不得刪去。又

> 如〈禮！〉一首（初版再版皆無），「魯迅」主張刪去，我因為
> 這詩雖是發議論，卻不是抽象的發議論，所以把他保留了。⓺

詩人當然有理由堅持自己的獨立判斷，周氏兄弟等人的意見也只「僅供參考」。必須在書信及序言中再三解釋為何沒有接納魯迅的意見，本身就說明後者在詩人心目中的分量非同一般。

五四時期的周氏兄弟與胡適，乃互相支持的「同道」，但很難說是心心相印的「密友」。知識背景不同（二、三十年代的中國學界，留學歐美的與留學日本的學者之間，不無隔閡），個人氣質迥異（周氏兄弟偏於懷疑，而胡適則是無可救藥的樂觀主義者），再加上年齡的差異（1921年的胡適，剛屆而立，已是名滿天下；相對而言，四十歲的魯迅與三十六歲的周作人，反不及前者「風光」），胡與二周不可能「親密無間」。這還不涉及《新青年》該往何處去，哪一種「主義」更適合於當下的中國等大大小小的爭論。

胡適與二周的關係前後有別，對於這一點，學界的看法基本一致。問題是，在描述前期的「合作」與後期的「矛盾」時，論者往往基於自身言說的需要而誇大其辭。五四新文化運動時期，二周與胡適確有許多精彩的合作，比如《新青年》的編纂、北大課程的改革、新文學的提倡、小說史的研究，乃至白話詩的嘗試等。在好交朋友且待人寬厚、性情平和的適之先生心目中，周氏兄弟當然是他「志同道合」的好朋友。而周氏兄弟則未必這麼看待：書札往來，彬彬有禮，加上專業上的互相支持，這還不是真正意義上的「知交」。

1929年8月30日，周作人給遠在上海的胡適去信，勸其不要留戀那裏的「便利與繁華」，也不必「說閒話惹禍祟」，還是回蕭條的北平「教書做書」，以便「在冷靜寂寞中產生出豐富的工作」。周自稱寫這信時，不是沒有顧慮：「我自己覺得有點躊躇，這未免有交淺言深之

嫌吧？」⑥胡適接獲此信，大為感動；只是對最後一句，頗表驚詫：

> 你信上提起「交淺言深」的話，使我有點感觸。生平對於君家
> 昆弟，只有最誠意的敬愛，種種疏隔和人事變遷，此意始終不
> 減分毫。相去雖遠，相期至深。此次來書情意殷厚，果符平日
> 的願望，歡喜之至，至於悲酸。此是真情，想能見信。⑥

並非近期「種種疏隔和人事變遷」才導致二周和胡適的「交淺」，這
點，是少年得志、朋友遍天下的適之先生所難以領悟的。胡信中所表
達的對於周氏兄弟「最誠意的敬愛」，我相信是真的；可反過來，不
能要求二周也如此「相去雖遠，相期至深」。這涉及各自為人處世的
原則，不必強分軒輊。

進入三十年代，魯迅、胡適的政治立場日漸對立，以至前者在雜
文中對後者頗多譏諷。可即便如此，據胡思杜告訴羅爾綱，1932年11
月魯迅因母病重返北平時，還專門「到胡適家探訪，在將進書房時邊
笑邊說：『捲土重來了！』」⑥此事魯迅日記中沒有記載，也與魯迅
學界的敘述大相徑庭⑥，但以胡思杜對魯迅的崇拜以及羅爾綱治學之
嚴謹，不太可能偽造此史料。而魯迅去世後，蘇雪林給備受魯迅譏諷
的胡博士去信，表白自己「向魯黨挑戰」的決心，希望胡適支持其發
起對於「廿五史儒林傳所無之奸惡小人」魯迅的總攻擊⑥，胡適卻在
回信中表彰魯迅的功績：

> 凡論一人，總須持平。愛而知其惡，惡而知其美，方是持平。
> 魯迅自有他的長處。如他的早年文學作品，如他的小說史研
> 究，皆是上等工作。通伯先生當日誤信一個小人張鳳舉之言，
> 說魯迅之小說史是抄襲鹽谷溫的，就使魯迅終身不忘此仇恨！

> 現今鹽谷溫的文學史已由孫俍工譯出了，其書是未見我和魯迅
> 之小說研究以前的作品，其考據部分淺陋可笑。說魯迅抄鹽谷
> 溫，真是萬分的冤枉。鹽谷一案，我們應該為魯迅洗刷明白。
> 最好是由通伯先生寫一篇短文，此是「gentlemen的臭架子」，
> 值得擺的。如此立論，然後能使敵黨俯首心服。❻

魯迅的「深刻」與胡適的「寬容」，二者其實均有不可及處❻。放開一點歷史視野，未見得不能同時欣賞。當初之立場不同且性格迥異，尚且不一定是「你死我活」；後世論者在褒貶抑揚時，更應該多點「理解之同情」。

　　三十年代同在北大任教的周作人與胡適，倒是相處得不錯。最明顯的例證是，1934年初，針對周作人發表引起很大爭議的〈五十自壽詩〉，胡適連續寫了〈戲和周啟明打油詩〉、〈再和苦茶先生打油詩〉、〈苦茶先生又寄打油詩來，再疊答之〉，第二年底、第三年初又有〈和周啟明賀年詩〉、〈和周啟明「二十五年賀年」打油詩〉。而1938年在倫敦寫的〈寄給在北平的一個朋友〉（又名〈寄苦雨庵〉），更因其寄託遙深而被廣泛徵引。周作人晚年撰寫回憶錄，由於時局的關係，不願多提與胡適的交誼，但對當初遠在英國的適之先生專門寫詩勸「苦雨庵中吃茶的老僧」南下，以及自家之「多謝藏暉居士的問訊」❻，還是很肯花筆墨的。而胡適晚年著意收集周作人的著述，遙想五四時之並肩作戰，感慨今日老友之落寞❻，人所共有的懷舊心理外，也可見適之先生性情之醇厚。

　　回到刪詩事件。胡適之所以格外看重周氏兄弟的意見，因其認定二周的文學才華在自己之上。在五四時期影響極大的理論表述〈談新詩〉中，胡適稱道周作人的〈小河〉：「這首詩是新詩中的第一首傑作，但是那樣細密的觀察，那樣曲折的理想，決不是那舊式的詩體詞

調所能達得出的。」⑰而討論過新詩寫作的諸多困難，表白自己以及眾新秀如何未能寫出真正的新詩，接下來就是：

> 我所知道的「新詩人」，除了會稽周氏兄弟之外，大都是從舊式詩、詞、曲裏脫胎出來的。⑰

特別表彰周氏兄弟的新詩，強調其不受舊詩詞的牽制，不能說胡適沒有眼光。魯迅1918年在《新青年》上發表的〈夢〉、〈愛之神〉、〈桃花〉、〈他們的花園〉、〈人與時〉等新詩，拒絕直白的說理，追求意境的幽深，其象徵手法的嫻熟，以及駕馭白話的能力，確非同期半詞半曲的「放大的小腳」可比。如果再考慮1919年陸續發表總題為〈自言自語〉的散文詩，稱道魯迅的「詩才」，不是沒道理的。至於將〈小河〉斷為早期新詩的代表作，胡適的這一觀點，現已被許多文學史家所接受。

　　但周氏兄弟之嘗試新詩寫作，基本上只是「客串」，所謂「打敲邊鼓，湊些熱鬧」⑫，日後主要文學成就在小說與散文。即便吟詩，周氏兄弟更擅長的還是舊體。魯迅舊詩寫得好早有定評，周作人的「兒童雜事詩」，其實也頗可觀。自稱對於新詩「提倡有心，創造無力」的胡適，顯然是在與周氏兄弟的接觸中，意識到自己的局限。1922年3月4日的日記中，胡適記下魯迅的期待以及自己的反省：「豫才深感現在創作文學的人太少，勸我多作文學。我沒有文學的野心，只有偶然的文學衝動。」⑬六天後，〈《嘗試集》四版自序〉脫稿，其中多處提及魯迅的判斷。將近半年後，胡適又在日記中寫下這麼一段對於周氏兄弟文學才華的由衷讚賞：

> 周氏兄弟最可愛，他們的天才都很高。豫才兼有賞鑒力與創作

力，而啟明的賞鑒力雖佳，創作較少。❼

事後證明，胡適的直覺相當準確，這段話幾乎可以不做修改就「進入文學史」。

胡適對於二周刪詩的建議，無論接納與否，都經由一番認真的思考。比如，〈禮！〉以敘事的口吻，對世俗之以禮責人大加嘲諷，所謂「你們串的是什麼醜戲，／也配抬出『禮』字的大帽子！／你們也不想想，／究竟死的是誰的老子」，在胡適，肯定是有感而發。可魯迅出於對詩歌特性的理解，不主張將此詩收入。對此，胡適不以為然，在〈四版自序〉中略做辯解。而為祝賀《晨報》一周年而作的〈周歲〉，雖是「白話」，卻很難說是「詩」❼。更重要的是，魯迅對剛誕生的白話詩有可能成為新的應酬工具，保持高度的警惕，故特別點出此乃源遠流長的「壽詩」傳統❼。聽從魯迅的意見，胡適最終還是「忍痛割愛」。之所以這麼說，是因為此前兩年，在〈《嘗試集》再版自序〉中，胡適怕被誤讀，「因此，我老著面孔，自己指出那幾首詩是舊詩的變相，那幾首詩是詞曲的變相，那幾首是純粹的白話新詩」❼。他所鄭重推薦的十四首「真正白話的新詩」，在增訂四版中，除〈周歲〉外，全都赫然在目。這自然是魯迅的意見起了作用。

周氏兄弟的刪改，固然讓胡適感動；而周氏兄弟的表彰，肯定更讓胡適歡欣。魯迅肯說出「我覺得近作中的〈十一月二十四夜〉實在好」這樣的話，實在不容易。更何況周作人的信中也有類似的表述：「你近作的詩很好，我最喜歡最近所作的兩首。」1921年1月1日出版的《新青年》8卷5號，刊有胡適寫於1920年10月10日的〈夢與詩〉和寫於1920年11月25日的〈禮！〉和〈十一月二十四夜〉。所謂「最近所作的兩首」，當係〈禮！〉和〈十一月二十四夜〉無疑。這麼說來，胡適之所以堅持保存〈禮！〉，或許還基於周氏兄弟意見並不一

致的緣故。

比起具體篇目的增刪，更重要的是對於「新詩」定義的重新調整。《嘗試集》自初版起，便附有舊體詩詞《去國集》。至於白話詩集中為何夾雜舊體詩詞，胡適在〈《去國集》自序〉中有所交代：

> 胡適既已自誓將致力於其所謂「活文學」者，乃刪定其六年以來所為文言之詩詞，寫而存之，遂成此集。名之曰「去國」，斷自庚戌也。昔者譚嗣同自名其詩文集曰「三十以前舊學第幾種」。今餘此集，亦可謂之六年以來所作「死文學」之一種耳。
>
> 集中詩詞，一以年月編纂，欲稍存文字進退及思想變遷之跡焉爾。❼❽

依此序所言，之所以保存《去國集》，純粹是為了記錄當初學步的蹣跚足跡，同時以「死文學」來反襯「活文學」的無窮魅力。為了第一部「白話詩集」體例的統一，周作人一開始建議刪除《去國集》；後又轉而接受兄長的意見，「以為《去國集》也很可留存」。

為什麼《去國集》可以留存？周作人並沒做進一步的說明。讀了魯迅的意見，你會明白，同樣主張保留《去國集》，周氏兄弟與胡適的思路，真是相差十萬八千里。簡單說，胡適關注的是「白話」，周氏兄弟看重的是「詩」，故魯迅才會對被判為「死文學」的《去國集》另眼相看：「但我細看，以為內中確有許多好的，所以附著也好。」不以「文白」定「死生」，二周的文學趣味，顯然與胡適之一味強調白話詩該如何脫離詞曲的羈絆大有差別。

回過頭來，再仔細品味那首已經被胡適本人刪去、可又被周作人和俞平伯搶救回來的〈鴿子〉：

雲淡天高，好一片晚秋天氣！

有一群鴿子，在天空中遊戲。

看他們三三兩兩，

　　回環來往，

　　夷猶如意，——

忽地裏，翻身映日，白羽襯青天，十分豔麗！

確實像胡適原先自暴短處時所說的，此詩明顯受詞調的影響。問題在於，舊詩修養頗深的周、俞二君，不是不明白這一點，可還是不理會胡適的解釋，建議重新收錄。或許，在周作人看來，詩歌只問好壞，而不必強分新舊。

這麼說，不是毫無根據的猜測。兩年後，即1923年4月，周作人為劉大白新詩集《舊夢》做序，專門針對時人之過於強調如何「擺脫舊詩詞的情趣」，表示不同意見：

> 雖然他自己說詩裏仍多傳統的氣味，我卻覺得並不這樣。據我看來，至少在《舊夢》部分內，他竭力的擺脫舊詩詞的情趣，倘若容我的異說，還似乎擺脫太多，使詩味未免清淡一點——雖然這或者由於哲理入詩的緣故。現在的新詩人往往喜學做舊體，表示多能，可謂好奇之過，大白先生富有舊詩詞的蘊蓄，卻不盡量的利用，也是可惜。我不很喜歡樂府調詞曲調的新詩，但是那些圓熟的字句在新詩正是必要，只須適當的運用就好。因為詩並不專重意義，而白話也終是漢語。㊉

從綜論性質的〈談新詩〉，到自我定位的《嘗試集》各版自序，再到談論康、俞的〈評新詩集〉，胡適論述白話詩之演進，基本上就是一

個標準：即如何擺脫舊詩以及詞曲的束縛。不要說五言七言的整齊句法不能用，「想用雙聲疊韻的法子來幫助音節的諧婉」，也是不可取的。「真正白話的新詩」，其音節應是「近於自然」。 意識到自家「舊文學的習慣太深，故不容易打破舊詩詞的圈套」⑧⑩，胡適於是更多強調與詞曲傳統之決裂，這自然有其合理性。可作為理論表述與運動綱領，不講個人才性，也不利用豐富的傳統資源，而只是一味逃避舊詩詞那幾乎無所不在的影響，其實是有欠缺的。

又過了三年，周作人為劉半農的《揚鞭集》作序，提及《新青年》時期的白話詩人，是這樣評說的：「那時做新詩的人實在不少，但據我看來，容我不客氣地說，只有兩個人具有詩人的天分，一個是尹默，一個就是半農。」前者駕馭得住文言，後者則尤擅口語，各自發揮所長，故皆有所得⑧①。在這裏，周作人偏偏不提白話詩的倡導者胡適，大概是覺得適之先生缺乏「詩人的天分」。下面這兩段話，更是有感而發：

> 新詩的手法我不很佩服白描，也不喜歡嘮叨的敘事，不必說嘮叨的說理，我只認抒情是詩的本分，而寫法則覺得所謂「興」最有意思，用新名詞來講或可以說是象徵。……中國的文學革命是古典主義（不是擬古主義）的影響，一切作品都像是一個玻璃球，晶瑩透徹得太屬害了，沒有一點兒朦朧，因此也似乎缺少了一種餘香與回味。正當的道路恐怕還是浪漫主義——凡詩差不多無不是浪漫主義的，而象徵實在是其精意。⑧②

相信「新詩總是要發達下去的」的周作人，欣賞新詩因模仿而獲得的「自由與豪華」，但強調「自由之中自有節制，豪華之中實含清澀，把中國文學固有的特質因了外來影響而益美化，不可只披上一件呢外套

就了事」。這裏將新詩之缺乏「餘香與回味」，歸結為語言表述上的「嘮叨」，而骨子裏則是沒有節制的「自由」。

1926年的詩壇，早已不是胡適們的天下。遠比俞平伯「艱深難解」的新詩正迅速崛起，詩壇上也不再只是傳統與歐化之爭；而且，「象徵」之取代「白描」，已成了實實在在的大趨勢。周作人之批評新詩「晶瑩透徹得太厲害了」，主要針對的不是聞一多、徐志摩為代表的新月派所標榜的「理性節制情感」原則以及「新詩格律化」追求，不是王獨清之突出「感覺」與穆木天之主張「純詩」，更不是正逐漸浮出海面的象徵派詩人李金髮、戴望舒。這與其說是在展望新詩的未來，不如說是為包括自己在內的五四一代新詩人撰寫「墓誌銘」。而這中間，最值得深刻反省的，當是曾領盡風騷的適之先生。

五、胡適的自我調整

如果說周氏兄弟可以先講「詩」，而後才是「白話」；作為白話詩最早的積極倡導者（這比「新詩老祖宗」之類文學性表述更為恰當），胡適則只能先講「白話」，而後才是「詩」。這可是時勢逼出來的，由不得個人做主─誰讓胡適必須時刻扛著「文學革命」的大旗。所謂「文章革命何疑！且準備搴旗作健兒」，開始只是表示一種義無反顧的決心與志氣；可一旦文學革命已成燎原之勢，作為最早的提倡者，胡適因而暴得大名，很難再有修正自家主張的機會。

就個人氣質而言，胡適更像個溫文爾雅的學者，而不是剛毅果斷的革命家。在三十年代撰寫《四十自述》以及五十年代口述自傳時，胡適都曾提及陳獨秀和錢玄同的鼎力支持乃文學革命成功的基本保證。單是書齋裏的「芻議」，再精彩也不可能有多大的影響力；正是由於「三大主義」、「十八妖魔」、「桐城謬種，選學妖孽」等充滿火

藥味的口號，以及「必不容反對者有討論之餘地」的武斷，方才激起軒然大波，也因此推動文學革命迅速展開❽。有陳、錢這樣「堅強的革命家做宣傳者，做推行者」，當然是胡適的幸運。考慮到群眾的麻木以及對抗中必不可少的損耗，革命家往往語不驚人死不休，故意將問題推到極端，既便於警醒公眾，又保留折中迴旋的餘地。在〈無聲的中國〉中，魯迅曾論及這種革命家的思維方式：

> 中國人的性情是總喜歡調和，折中的。譬如你說，這屋子太暗，須在這裏開一個窗，大家一定不允許的。但如果你主張拆掉屋頂，他們就會來調和，願意開窗了。沒有更激烈的主張，他們總連平和的改革也不肯行。那時白話文之得以通行，就因為有廢掉中國字而用羅馬字母的議論的緣故。❽

這廢掉漢字的「極端言論」，正是出於思想「偏激」、「所主張常涉兩極端」，說話「必說到十二分」的錢玄同先生❽。作為一種運動策略，極端思維自有其好處。但另一方面，過於講求「策略性」，追求最大限度的「現場效果」，未免相對忽視了理論的自恰與完整。假如革命不成功，這種「決絕的姿態」，具有很高的審美價值；但萬一革命成功，如何真正履行當初的諾言，將是一件十分困難的事。聰明者隨著運動的深入而移步變形，逐漸修正姿態，轉換角色，尚能在新一輪建設中發揮作用；至於立場堅定者，死守當初帶有策略性的宣言，不肯做必要的妥協與調整，雖能博得「首尾一致」的讚賞，卻很難再有進一步突破的可能。

　　胡適以文言白話斷文學之死活，作為文學革命口號，簡單明瞭，十分有效。可如此粗陋且武斷的理論設計，本身存在許多問題，胡適不是不知道，也做過幾番自我修正的努力，比如不斷擴大「白話」的

含義等❽❻，但始終不敢模糊「鬥爭的大方向」。聽適之先生談論白話詩文，你會感慨其幾十年沒有大的變化，基本上保持少年時代的理想，這點頗令人驚訝。可仔細分辨，你還是可以發現，適之先生偶爾也會出現動搖，只不過由於更具革命家氣質的錢玄同從旁提醒，於是繼續前行。

　　針對胡適新作顯示出的某種倒退的跡象，錢玄同1917年10月31日去信，語重心長地強調：「現在我們著手改革的初期，應該儘量用白話去作，才是。倘使稍懷顧忌，對於『文』的一部分不能完全捨去，那麼，便不免存留舊污，於進行方面，很有阻礙。」胡適得信，幡然悔悟，於是在11月20日作覆，表白自己的惶惑與苦惱：

> 先生論吾所作白話詩，以為「未能脫盡文言窠臼」。此等諍言，最不易得。吾於去年（五年）夏秋初作白話詩之時，實力屏文言，不雜一字。如〈朋友〉，〈他〉，〈嘗試篇〉之類皆是。其後忽變易宗旨，以為文言中有許多字盡可輸入白話詩中。故今年所作詩詞，往往不避文言。……但是先生十月三十一日來書所言，也極有道理。……所以我在北京所作的白話詩，都不用文言了。❽❼

由「力屏文言」到「不避文言」，再到「都不用文言了」，經過這一番曲折，胡適堅定了純用白話寫作的宗旨。即便如此，在為《嘗試集》撰寫序言時，錢玄同還是很不客氣地批評胡適仍受舊詩詞的牽制：

> 不過我對於適之的詩，也有小小不滿意的地方：就是其中有幾首還是用「詞」的句調；有幾首詩因為被「五言」的字數所拘，似乎不能和語言恰合；至於所用的文字，有幾處似乎還嫌

太文。⑧

對於朋友如此嚴苛的挑剔，胡適心悅誠服，在《嘗試集》初版自序中
專門提及此事，並作了認真的自我批評，稱自己所作新詩半新不舊：
「這些詩的大缺點就是仍舊用五言七言的句法。句法太整齊了，就不
合語言的自然，不能不有截長補短的毛病，不能不時時犧牲白話的字
和白話的文法，來牽就五七言的句法。」接下來關於詩體大解放的論
述，在新詩創立期影響極大，值得認真對待：

> 因此，我到北京以後所做的詩，認定一個主義：若要做真正的
> 白話詩，若要充分採用白話的字，白話的文法，和白話的自然
> 音節，非做長短不一的白話詩不可。這種主張，可叫做「詩體
> 的大解放」。詩體的大解放就是把從前一切束縛自由的枷鎖鐐
> 銬，一切打破：有什麼話，說什麼話；話怎麼說，就怎麼說。
> 這樣方才可有真正白話詩，方才可以表現白話的文學可能性。
> ⑧⑨

話說得何等痛快淋漓，可流弊也就在這裏。稍有文學常識的人都知
道，散文尚且不可「話怎麼說，就怎麼說」，更何況歷來以語言精粹
著稱的詩歌。

　　沉醉於「大解放」的幸福感，再加上本就不太具備「詩人的天
性」，胡適於是抓住是否擺脫傳統詩詞束縛作為新詩的唯一標準。
1919年撰〈談新詩〉，提及「此外新潮社的幾個新詩人——傅斯年、
俞平伯、康白情——也都是從詞曲裏變化出來的，故他們初做的新詩
都帶著詞或曲的意味音節」⑨⓪，顯然感覺不無遺憾。到了1922年，胡
適為三本新詩集撰寫序言或書評，進一步闡述其理想中的新詩。基本

思路是「詩體的大解放」，即如何擺脫舊詩詞的影響，即便因此而失之於幼稚、直白、淺露，也都無所謂。以此標準衡量，康白情高於俞平伯，而後起的汪靜之更是百尺竿頭更進一步。理由很簡單，「白情受舊詩的影響不多，故中毒也不深」；汪靜之等少年詩人更上一層樓，因「他們受的舊詩詞的影響更薄弱了，故他們的解放也更徹底」⑨。以是否擺脫「舊詩詞的鬼影」作為評價新詩好壞的唯一指標，在後世的詩人及史家看來，或許有點荒謬；可對於更多關注新詩出路的適之先生來說，關鍵在於「白話」還是「文言」，故「稚氣究竟遠勝於暮氣」、「太露究竟遠勝於晦澀」⑨。

過於執著「詩體的大解放」，再加上篤信「文學進化觀念」，使得在小說研究方面頗有定見的適之先生，評價新詩時，常把握不住。有藝術判斷力的問題，但也與胡適嘗試新詩，很大程度不是基於詩神驅使，而是服務於自覺的文學主張有關：

> 我私心以為文言決不足為吾國將來文學之利器。施耐庵、曹雪芹諸人已實地證明小說之利器在於白話。今尚需人實地試驗白話是否可為韻文之利器耳。⑨

基於白話必為將來文學之利器這一信仰，胡適「單槍匹馬」前去「新闢一文學殖民地」，其再三強調寫詩只是「實驗」，並非故作謙虛。從這個角度看，只要白話文運動成功，即便《嘗試集》因缺乏「詩性」而被遺棄，對於胡適來說，也沒有太大的遺憾。正因為入手處是「文」，著眼點是「白話」，「白話詩」只是有待征服的最後一塊陣地，很長時間裏，胡適的興奮點集中在如何擺脫「文言」以及「舊詩詞」，而不太追問是否具有詩的「意境」——直到1924年〈《胡思永的遺詩》序〉和1936年的〈談談「胡適之體」的詩〉，才將語言表達與

意境營造結合起來。而一旦「白話」不是評判新詩好壞的唯一標準，根基深厚的傳統詩詞之影響必將浮出海面。在這中間，與周氏兄弟以及梁啟超的書信往來，對胡適重新反省關於「新詩」的想像，很可能起關鍵作用。

魯迅稱《去國集》中「確有許多好的」，周作人批評傳統根基深厚的劉大白「竭力的擺脫舊詩詞的情趣」，這些「異議」，對於一直檢討自家白話詩中殘留詞調的胡適來說，應該說頗有觸動。而與梁啟超關於白話詩的爭辯，以及借鑒小令寫作新詩之可能性的探討，對於胡適的調整思路，當也不無關係。

在白話詩問題上，梁啟超與胡適意見不一致，並且有過直接的爭論，可惜相關史料大多缺失，故史家語焉不詳❹。1920年10月18日梁啟超致信胡適，希望胡評閱《清代學術概論》，並稱自己準備撰文討論《中國哲學史大綱》，另外，還有「超對於白話詩問題，稍有意見，頃正作一文，二三日內可成，亦欲與公上下其議論」❺。《胡適來往書信選》上冊收有一大約寫於1920年底或1921年初的《胡適致陳獨秀》，其中也涉及此事：

> 梁任公有一篇大駁白話詩的文章，尚未發表，曾把稿子給我看，我逐條駁了，送還他，告訴他，「這些問題我們這三年都討論過了。我很不願意他來舊事重提，勢必又引起我們許多無謂的筆墨官司」，他才不發表了。❻

以梁啟超之「為人最和藹可愛，全無城府，一團孩子氣」，見胡適暴得大名，竟「有時稍露一點點爭勝之意」❼，如此性情，不大可能因後輩的反駁而隱匿自己的意見。查《張元濟日記》，1920年10月21日張氏往訪梁啟超時，梁「言有論本朝詩學一稿，亦即可交稿」❽。據

夏曉虹考證，梁氏信函與張氏日記所述，應同指一文，即梁啟超為選編金和與黃遵憲二家詩所寫之序。書未編成，序也未定稿，可這則收入《飲冰室合集》的〈晚清兩大家詩鈔題辭〉**99**，對於理解這場隱匿在歷史深處的爭論，還是很有幫助的。

梁啟超的基本觀點是，「因為詩是一種技術，而且是一種美的技術」，故「格律是可以不講的，修辭和音節卻要十分注意」。自稱「並不反對白話詩」的任公先生，在批評守舊的「老先生」不該蔑視文學史上早已「粲然可觀」的白話詩的同時，順帶掃了一下完全排斥文言的「偏激之論」：

> 至於有一派新進青年，主張白話為唯一的新文學，極端排斥文言，這種偏激之論，也和那些老先生不相上下。就實質方面論，若真有好意境好資料，用白話也做得出好詩，用文言也做得出好詩。如其不然，文言誠屬可厭，白話還加倍可厭。

這種各打五十大板的論調，當然是胡適等新派人士所不願接納的。說梁啟超因胡適的反駁而不願發表此文，目前尚無確鑿證據；但梁氏此文遲遲未能定稿，起碼是知道其立說關係重大，需要從容斟酌。白話缺乏錘煉，表達複雜的情感與思緒有困難，這是五四時期反對廢除文言者常持的見解，梁啟超不過是將其限制在新詩寫作：「我覺得極端的『純白話詩』，事實上算是不可能；若必勉強提倡，恐怕把將來的文學，反趨到籠統淺薄的方向，殊非佳兆。」以上的說法還偏於防守，接下來任公先生開始主動出擊了：

> 我也曾讀過胡適之的《嘗試集》，大端很是不錯。但我覺得他依著詞家舊調譜下來的小令，格外好些。為什麼呢？因為五代

兩宋的大詞家，大半都懂音樂，他們所創的調，都是拿樂器按
拍出來。我們依著他填，只要意境字句都新，自然韻味雙美。
我們自創新音，何嘗不能？可惜我們不懂音樂，只成個「有志
未逮」。而純白話體有最容易犯的一件毛病，就是枝詞太多，
動輒傷氣。試看文言的詩詞，「之乎者也」，幾乎絕對的不
用。為什麼呢？就因為他傷氣，有礙音節。如今做白話詩的
人，滿紙「的麼了哩」，試問從那裏得好音節來？……字句既
不修飾，加上許多濫調的語助辭，真成了詩的「新八股腔」
了。⑩

批評「滿紙『的麼了哩』」的新詩，直接指向已經名滿天下的「嘗
試」，如此刻薄的評價，自然不可能為胡適所接受。至於表彰《嘗試
集》中「依著詞家舊調譜下來的小令，格外好些」，估計也不會讓胡
適高興。因為，未能完全擺脫詞調的影響，這正是他在《嘗試集》的
三則序言中所再三檢討的。

　　而在梁啟超，如此立說，絕無挖苦諷刺的意味。日後，梁氏甚至
受胡適成功「嘗試」的引誘，寫作起分行加標點的小詞來。即所謂
「近忽發詞興」，「日來頗為小詞消遣」，並相信「此間可闢出新國土
也」。⑩ 1925年6月22日，梁啟超致信胡適，附一小詞，且稱「即用
公寫法錄一通奉閱，請一評，謂尚要得否？」同月26日，又寄上〈好
事近〉和〈西江月〉各一首⑩。大概是胡適回贈兩詩，7月3日覆信
中，梁啟超除再次附詞三首外，還對胡詩略加點評：

　　兩詩妙絕，可算「自由的詞」。石湖詩書後那首若能第一句與
　　第三句為韻——第一句仄，第三句平，——則更妙矣。
　　去年八月那首「月」字和「夜」字用北京話讀來算有韻，南邊

話便不叶了（廣東話更遠）。念起來總覺不順嘴。所以拆開都是好句，合誦便覺情味減。這是個人感覺如此，不知對不對？

我雖不敢說無韻的詩絕對不能成立，但終覺其不能移我情。韻固不必拘定什麼《佩文齋詩韻》、《詞林正韻》等，但取用普通話念去合腔便好。句中插韻固然更好，但句末總須有韻（自然非句句之末，隔三幾句不妨）。若句末為語助詞，則韻挪上一字（如匪報也，永以為好也）。我總盼望新詩在這種形式下發展。

拙作《沁園春》過拍處試如尊論（犯複），俟有興，當更改之，但已頗覺不易。

又有寄兒曹三詞寫出呈教（乞賜評）。公勿笑其舔犢否？⑩

強調新詩必須講究音節，而且最好有韻，這點與章太炎、魯迅師徒的意見大致相同⑩。新詩在尋求突破的過程中，「以解放相號召」，惟恐受制於舊詩詞曲。可三十年後，朱自清發現，新詩獨獨接收了「韻腳」這一宗遺產，「足見中國詩還在需要韻，而且可以說中國詩總在需要韻」⑩。此說並未為所有詩人及史家所接受，新詩是否需要押韻，始終是個爭議很大的問題。至於稱入《嘗試後集》的〈瓶花〉和胡適生前未曾入集的〈八月四夜〉「兩詩妙絕」，實在很有眼光。這可是以理智冷靜著稱的適之先生平生少有的好情詩，後者以周邦彥〈關河令〉一詞的「酒已都醒，如何消夜永？」作結，乃巧妙的文體挪用⑩；前者以范成大〈瓶花〉作引子，也明白無誤地標示其詩學淵源。二詩都是白話，但傳統的印記十分清晰，故梁啟超一針見血地指認其為「自由的詞」。

若是早年，對於如此評價，胡適可能很不高興。可現在不一樣，經由二周以及梁啟超的提示，加上自家撰寫《白話文學史》和編選

《詞選》的體會，胡適對於「白話詩」之夾雜「詞調」，有了全新的認識。1928年6月的〈《白話文學史》自序〉重提他所理解的白話「有三個意思」 ⑩，故「白話文學」應該「包括舊文學中那些明白清楚近於說話的作品」。這樣一來，不只《史記》、《漢書》裏有許多白話，樂府歌辭、佛書譯本基本上是白話，「唐人的詩歌——尤其是樂府絕句——也有很多的白話作品」。詞呢，尤其是東坡、稼軒的小詞，不也符合「說得出，聽得懂」、「不加粉飾」、「明白曉暢」這白話三大特徵嗎？當然也該算是「白話文學」了。

作為定本的《白話文學史》只論述到唐代，此前的《國語文學史》，則有專門討論兩宋的「白話詞」的第三編第四、第五兩章。「這種詞用的當日小百姓的言語，寫的是當日的感情生活，所以他們是宋代白話文學的代表。」基於這一判斷，胡適極為讚賞歐陽修、柳永、李清照、辛棄疾、陸游等人的「白話小詞」，稱其創作「真是絕妙的文字」，與吳文英那樣「古典文學的下下品」不可同日而語 ⑩。

1927年，上海商務印書館出版胡適編選的《詞選》 ⑩，前有一胡適撰寫的自序，將詞史分成三段：「蘇東坡以前，是教坊樂工與娼家妓女歌唱的詞；東坡到稼軒、後村，是詩人的詞；白石以後，直到宋末元初，是詞匠的詞。」對「詩人的詞」，胡適最為欣賞：「這些作者都是有天才的詩人；他們不管能歌不能歌，也不管協律不協律；他們只是用詞體作新詩。這種『詩人的詞』，起于荊公、東坡，至稼軒而大成。」在敘述詞的演變歷史時，胡適強調的是「詞的用處推廣了，詞的內容變複雜了，詞人的個性也更顯出了」，故特別喜歡表彰「絕好的小詞」 ⑩。比如談論辛棄疾，便是：「他的小令最多絕妙之作；言情，寫景，述懷，達意，無不佳妙。辛詞的精彩，辛詞的永久價值，都在這裏。」 ⑪

胡適本人對於白居易的詩以及辛棄疾的小詞早有興趣，《胡適留

學日記》中不乏記載，《四十自述》中也有所交代。只是由於提倡白話詩的需要，胡適方才壓抑這一趣味，竭力擺脫「舊詩詞」的影響。以「刪詩事件」作為標誌，胡適開始調整自己的閱讀與寫作姿態。一方面是白話詩已基本站穩腳跟，不必再刻意迴避文言或詞調的滲透；另一方面也是因教學需要以及個人興趣轉移，胡適開始選讀「舊詩詞」。對於如此轉折，二周信件到底起多大作用，尚難斷言。但寫於1928年3月9日的〈讀〈雙辛夷樓詞〉致李拔可〉，希望對方注意自己的小詩「不知頗有詞的意味否」，抄錄的正是被梁啟超斷為「自由的詞」的〈瓶花〉，可見梁氏意見受到尊重。這與前幾年的不斷檢討無法擺脫詞調的影響，真有天淵之別。更重要的是以下這段話：

> 近年因選詞之故，手寫口誦，受影響不少，故作白話詩，多作詞調，但於音節上也有益處，故也不勉強求擺脫。⑫

我想補充的是，促使其作白話詩時「多作詞調」的，遠不只是「因選詞之故」。

1935年12月，文學史家陳子展發表〈略論「胡適之體」〉，分析胡適新作〈飛行小贊〉之不同於《嘗試集》：

> 老路沒有脫去模仿舊詩詞的痕跡，真是好像包紮過的腳放大的。新路是只接受了舊詩詞的影響，或者說從詩詞蛻化出來，好像蠶子已經變成了蛾。即如〈飛行小贊〉一詩，它的音節好像辛稼軒的一闋小令，卻又不像是有意模仿出來的。⑬

兩個月後，胡適撰〈談談「胡適之體」的詩〉作答，公開亮明其借鑒詞調寫作新詩的經驗。而且強調這不是「新路」，而是自己駕輕就熟

早已「走慣了的一條『老路』」。對於如何借變換韻腳、鬆動平仄、調整句式來獲得寫作的自由，沒有比這段自述說得更明白的了：

> 其實〈飛行小贊〉也是用「好事近」詞調寫的，不過詞的規矩是上下兩半同韻，我卻換了韻腳。我近年愛用這個調子寫小詩，因為這個調子最不整齊，頗近於說話的自然；又因為這個調子很簡短，必須要最簡練的句子，不許有一點雜湊堆砌，所以是做詩的最好訓練。我向來喜歡這個調子，偶然用它的格局做我的小詩組織的架子，平仄也不拘，韻腳也可換可不換，句子長短也有時不拘，所以我覺得自由得很。至少我覺得這比勉強湊成一首十四行的「桑籟體」要自由得多了！ ⓐ

至此，作為新詩人的適之先生，總算完成了艱難的自我調整，直面所謂的「胡適之體」的生機與缺陷，坦然宣佈「我近年只做我自己的詩」，而不再力不從心地扮演什麼「領路人」的角色。

作為白話詩的提倡者，胡適始終堅守文言／白話這個邊界，此乃其安身立命的根基，故矢志不移，這點很好理解。在保衛自己的學術貢獻方面，胡適有充分的自覺。從早年的〈《嘗試集》自序〉，到晚年的《胡適口述自傳》，凡提及新詩，胡適總是死死咬住兩個關鍵字：「白話」與「實驗」。至於早年很計較的擺脫詞調的影響，二十年代中期開始逐漸鬆動。到了自己出場介紹如何借鑒小令創作新詩時，我們對「胡適之體」的特色以及走向，便都心中有數了。胡適從來不是大詩人，《嘗試集》的價值主要在於「嘗試」；但除此之外，語言的清通，意境的平實，還有上接中國詩歌史上的元白詩或蘇辛小詞，仍然自有一番天地，不該被後來者一筆抹殺ⓑ。

六、經典地位的確立

作為現代文學史上的「經典之作」，橫空出世的《嘗試集》，一開始輝煌奪目，但很快就遭遇各種嚴峻的挑戰；幾經沉浮，歷盡滄桑，方才戰勝各種巨大的障礙—從藝術趣味到意識形態—最終屹立在世紀末的文學領獎臺上（假如「百年百種優秀中國文學圖書」也算一種獎的話）。這對於本不具有藝術天賦的適之先生來說，實在是個奇蹟。

想當初，即便是好朋友，比如陳西瀅，也都對胡適的白話詩不太恭維。在《新文學運動以來的十部著作》中，陳源推舉的是《胡適文存》，而不是《嘗試集》，理由是：

> 我不舉《嘗試集》是因為我不信胡先生是天生的詩人，雖然他有些小詩極可愛。我們只要看他說的：「文中有三個條件：第一要明白清楚，第二要有力能動人，第三要美」，和「美就是『懂得性』（明白）與『逼人性』（有力）二者加起來自然發生的結果」，就可以知道他的詩不能成家的緣故，同時也可以瞭解他的說理考據文字的特長了。⑯

被認為不是「天生的詩人」的胡適，竟憑藉一部只有若干「極可愛」的「小詩」的《嘗試集》，闖入「經典作家」的行列，確實是不可思議。

可細細尋覓，你還是能發現《嘗試集》之走向成功，並非純屬偶然。這裏包括二十年代之經由「刪詩」而產生「定本」，三十年代的經由「辨體」而凝結「風格」，五十年代至七十年代的經由「批判—平反」而形成「經典」。在這中間，作品本身的潛能以及時代思潮的激蕩，固然是主要因素；但周氏兄弟的推波助瀾，也起了不小的積極

作用。

　　《嘗試集》初版時，為其大力鼓吹的，是剛結識不久的好友錢玄同。在〈《嘗試集》序〉中，擅長「疑古」的玄同先生，對這第一部個人撰寫的新詩集褒獎有加：

> 適之這本《嘗試集》第一集裏的白話詩，就是用現代的白話達適之自己的思想和情感，不用古語，不抄襲前人詩裏說過的話。我以為的確當得起「新文學」這個名詞。⑪⑦

不愧是目光如炬的史家，專門在「用現代的白話達適之自己的思想和情感」上做文章，錢氏此說，即便到了今日，也還站得住腳。

　　正因為是「第一部」，《嘗試集》的出版，招來不少批評。其中三胡的爭論，最為引人注目。先是自稱「這二十多年裏頭，幾乎沒有一年不在詩裏討生活」的胡懷琛，站出來大批《嘗試集》，而且自告奮勇，替胡適改寫詩句。在他看來，胡適這一派新詩「根本的缺點」在於：

> （一）不能唱。只算白話文，不能算詩。
> （二）纖巧。只算詞曲，不能算新詩。⑪⑧

如此批評，火氣太盛，毫無善意可言，頗有將白話詩一棍子打死的架勢。不過一年後上海泰東書局出版此君所編《〈嘗試集〉的批評與討論》，輯錄不少相關論述，與後世的「批判集」還是大有差別。其中收有朱執信的〈詩的音節〉和〈答胡懷琛函〉，二文初刊《星期評論》第51、52號，著重反駁胡懷琛〈讀胡適之《嘗試集》〉對新詩音節的批評，強調「一切文章都要使所用字的高下長短，跟著意思的轉折來

變換」，「音節決不是就這樣可以有刻板的規則定出來的」⑲。朱文反過來嘲笑胡懷琛根本不懂新詩的音節，並且逐一批駁其為《嘗試集》所做的修改。

　　如果說胡懷琛的缺點是「食古不化」，那麼，胡先驌的毛病則是「食洋不化」。刊於《學衡》第1、2期的〈評《嘗試集》〉，洋洋灑灑兩萬餘言，大量引用西儒語錄，且夾雜不少英文單詞，最後只是想說明「《嘗試集》之價值與效用，為負性的」，即讓人明白「此路不通」。具體論述時，批評胡詩乃「枯燥無味之教訓主義」、「膚淺之徵象主義」、「纖巧之浪漫主義」、「肉體之印象主義」，所言多大而無當；至於稱集中最佳之詩作為〈新婚雜詩〉、〈送叔永回四川〉，則更讓人摸不著頭腦⑳。如此文風，自然招來讀者的反唇相譏。式芬刊於《晨報副鐫》的〈〈評嘗試集〉匡謬〉，即以其人之道還治其人之身，故意挑出胡文關於外國文學的四點謬誤「略加匡正」，進而指責其「不合於『學者之精神』」㉑。

　　至於胡適本人，對胡懷琛「這種不收學費的改詩先生」只是覺得好笑，並沒有認真對待。1920年5月和9月的《時事新報・學燈》上，分別刊有胡適致張東蓀和胡懷琛的信，對此略加辯駁。稱「我很希望大家切實批評我的詩，但我不希望別人替我改詩」㉒，還是比較客氣的；下面這段話，可就有點居高臨下了：

　　　　我在我的《嘗試集》再版自序（已付印）裏，對於先生最初評
　　　　《嘗試集》的幾段意見——胡適之上了錢玄同的當，別人又上
　　　　了胡適之的當——略有幾句評論，因為我認那個意思還有討論
　　　　的價值，至於先生後來「正謬」的四條，恕不答辯了。㉓

不屑與胡懷琛爭論的適之先生，在〈《嘗試集》再版自序〉中，只是

以「守舊的批評家」輕輕打發,甚至不提論敵的姓名。相對而言,胡適還是比較在意喝過洋墨水的胡先驌的批評的。〈《嘗試集》四版自序〉並沒有直接回應〈評《嘗試集》〉的具體觀點,而是避實就虛,以「胡先驌教授居然很大度的請陀司妥夫士忌來陪我同死同朽,這更是過譽了,我更不敢當了」作結,雖則俏皮,卻未免過於輕巧。或許,兩年中銷售一萬部,而且得到周氏兄弟等「天才都很高」的朋友諸多好評,讓胡適有點飄飄然。

雖然胡適頗為謙恭地稱自家詩集之所以值得再版,只是「可以使人知道纏腳的人放腳的痛苦」;但廣泛徵求朋友意見,大規模地增刪修訂,還是有藝術上的追求。甚至可以說,適之先生其實是躊躇滿志,對《嘗試集》很有信心,希望其流傳久遠,這才需要如此精雕細磨。就在撰寫〈《嘗試集》四版自序〉的前幾天,胡適完成了《五十年來中國之文學》,其中述及文學革命時有言:

> 我可以大膽說,文學革命已過了討論的時期,反對黨已破產了。從此以後,完全是新文學的創造時期。[124]

正是基於這一判斷,胡適不屑與胡懷琛爭論,對胡先驌的批評也沒有認真回應。可「白話詩」的「反對黨」破產了,不等於《嘗試集》可以免受批評。接下來,原本處於同一陣營的新詩人的批評,更使胡適難堪。

1923年的中國詩壇,出現兩則「橫掃千軍如卷席」的雄文,一是周靈均的〈刪詩〉,將胡適《嘗試集》、郭沫若《女神》、康白情《草兒》、俞平伯《冬夜》等八部新詩集分別以「不是詩」、「未成熟的作品」等罪名大加討伐[125]。對批評家之為了一己「快意」,「提起一支屠城的筆,掃蕩了文壇上一切野草」的做法,魯迅甚為不滿[126]。相對

來說，成仿吾的〈詩之防禦戰〉更具理論意義。也是拿《嘗試集》、《草兒》、《冬夜》等開刀，語氣也很激烈，可還是講道理的。此文發在《創造週報》第1號，批評對象減去郭沫若，添上周作人，頗有「黨同伐異」的嫌疑。但指出早期新詩「擺脫了詞調」、「灑脫了白話」以後，所選擇的「小詩」以及「哲理詩」方向存在很大偏差**⑫**，還是頗有見地的。

籠統地批評白話詩，不管語氣如何刻薄，對胡適來說都無傷大雅。到了1926年，才氣橫溢的新詩人朱湘登場，形勢為之一變。在〈評聞君一多的詩〉中，朱湘稱為避免朋友間互相標榜，「越熟的人越在學問上彼此激勵」，為自己立下這麼一個批評準則：

> 寧可失之酷，不可失之過譽。

其實，不只評聞詩，評胡適、康白情、徐志摩、郭沫若等人的詩集，朱君都取此策略。如欣賞郭沫若的浪漫激情與雄奇想像，可批評其「對於藝術是很忽略的，誠然免不了『粗』字之譏」；輪到康白情，更是不客氣，稱其取「反抗的精神與單調的字句」的努力，「完全失敗了」；批評康君時，順帶連「與康君同行的」俞平伯也一起嘲笑一番。至於徐志摩，朱湘的評價更加刻毒：

> 徐君沒有汪靜之的靈感，沒有郭沫若的奔放，沒有聞一多的幽
> 玄，沒有劉夢葦的清秀，徐君只有──借用徐君朋友批評徐君
> 的話──浮淺。**⑫**

如此脾性，如此眼光，落在《嘗試集》上，當然不會特別寬容。刊於1926年4月1日《晨報副刊》上的〈新詩評（一）‧《嘗試集》〉，以這

麼一句全稱判斷結尾：

> 「內容粗淺，藝術幼稚」，這是我試加在《嘗試集》上的八個
> 字。

如此「蓋棺論定」，乃基於以下幾個判斷：《嘗試集》中真正的新詩
不多，倒是舊詩或舊詩的變體佔優勢；在詩歌中談主義本就是笑話，
「胡君居然以詩的經驗主義相號召」；「胡君的詩沒有一首不是平庸
的」；「胡君『了』字的『韻尾』用得那麼多」，起碼證明作者藝術
力的薄弱❶。朱氏的批評，雖稍嫌刻薄，卻不無洞見，因而頗受關
注。朱自清講授「新文學研究」課程時，專門引述其批評《嘗試集》
「『了』字的『韻尾』用得太多」❶；而草川未雨《中國新詩壇的昨日
今日和明日》之談及《嘗試集》，「沒有一首能稱得起完全的新詩
體，也就沒有一首使人滿意的」❶，基本上是抄襲朱湘的意見。

　　朱湘橫刀立馬的英姿，預示著新一代詩人的崛起。此後十年，作
為新詩人的胡適，基本上隱入歷史深處。不只胡適一人，早期白話詩
的提倡者，此時已大都歸隱山林，很少在詩壇拋頭露面了。以至1932
年底劉半農編印《初期白話詩稿》時，感慨文藝界的變動「把我們這
班當初努力於文藝革新的人，一擠擠成了三代以上的古人」❶。假如
不是文學史家陳子展關於「胡適之體」的提法引起爭議，胡適與後起
的新詩人，很可能就此相忘於江湖。

　　1935年12月6日《申報‧文藝週刊》第6期發表陳子展的〈略論
「胡適之體」〉，談及「新詩運動隔成功之日還遠，到新詩的路決不止
一條，不妨『殊途而同歸』」。其中稱「胡適之體」也是新詩發展的一
條新路❶，引起很大爭議。一個月後，還是在《申報‧文藝週刊》
上，子模發表〈新詩的出路與「胡適之體」〉，批評胡詩在「舊詩詞的

骨架中翻筋斗」，體現「有閑階級的『閒適的』意態」，並斷言「放腳似的『胡適之體』的時代早已過去了」，新詩出路，在於充實的社會內容以及熟練的口語。文章的結論很明確：「在這個時候還把『胡適之體』特別提出來，認為新詩的一條路，結果只有『此路不通』吧。」⓭

在這場爭論中，「有贊成的，有反對的，聽說是反對的居多」，這並不出乎胡適意料之外。倒是陳子展的殷切期待⓭，很讓胡適感動，於是以〈談談「胡適之體」的詩〉作答，順便表白自己做詩的三條戒約，連帶對批評家之忽略《嘗試集》中真正的好詩表示惋惜。

這起碼是胡適第三次談論自己作為早期新詩代表人物的「體」與「派」了。只不過前兩回發言不甚要緊，也不被關注；這回可不一樣，乃生死攸關。1920年為〈老樹行〉作跋，胡適提及1915年在美國留學時撰寫此詩，如何惹來朋友的嘲笑，以至「他們都戲學『胡適之體』，用作笑柄」⓭。1924年為《胡思永的遺詩》寫序，其中有云：「他的詩，第一是明白清楚，第二是注重意境，第三是能剪裁，第四是有組織，有格式。如果新詩中真有胡適之派，這是胡適之的嫡派。」⓭輪到〈談談「胡適之體」的詩〉，主要是表白「我做詩的戒約至少有這幾條」：「第一，說話要明白清楚」；「第二，用材料要有剪裁」；「第三，意境要平實」。梁實秋稱這三條中，「惟獨胡先生所標榜的『明白清楚』是不可不特別注意的」，並進而大談「『白話詩』亦可釋為『明白清楚的詩』，所以『明白清楚』應為一切白話詩的共有的特點，不應為『胡適之體』獨有的特點」之類，實在是不得要領，只能理解為梁氏在「借題發揮」⓭。胡適倒是很清醒，再三強調這三大戒約只適應「我自己的詩」，並不具有普遍性與絕對性。

適之先生此文的新意與重點，在於將文體上的「明白清楚」與意境上的「平實淡遠」二者有機結合起來，總算較好地為「胡適之體」

195

做了定位。「在詩的各種意境之中,我自己總覺得『平實』,『含蓄』,『淡遠』的境界是最禁得起咀嚼欣賞的。」回首平生,最能代表這一方向、也最值得向讀者推薦的,是那首寫於1920年11月25日、刊於《新青年》8卷5號的〈十一月二十四夜〉:

> 老槐樹的影子,
> 在月光的地上微晃;
> 棗樹上還有幾個乾葉,
> 時時做出一種沒氣力的聲響。
>
> 西山的秋色幾回招我,
> 不幸我被我的病拖住了。
> 現在他們說我快要好了。
> 那幽豔的秋天早已過去了。

引錄完全詩後,胡適感歎:「這詩的意境頗近於我自己欣羨的平實淡遠的意境。十五年來,這種境界似乎還不曾得著一般文藝批評家的賞識。」⑬這裏所說的「一般文藝批評家」,當不包括周氏兄弟。因為這首〈十一月二十四夜〉,正是當初魯迅和周作人為刪詩事覆信時所著力表揚的。

經由這一番自我調整與自我表彰,「胡適之體」定位明確了;但其歷史意義之得以凸顯,還有賴於現代教育制度以及文學史著述的形成。新文化運動的積極成果,除「德」、「賽」先生的普及等外,還包括大學課程的巨大變化:此前不登大雅之堂的「小說」、「戲曲」成了必修課;一改中國人的崇古傾向,將「近世文學」納入考察視野;注重「歐洲文學」的講授等⑭。剛剛過去的「文學革命」,在胡

適撰於1922年的《五十年來中國之文學》中，還只是個「光明的尾巴」；而1929年朱自清在清華大學講授「中國新文學研究」，則已「登堂入室」。一旦「新文學」的歷史成為大學乃至中學課堂講授的對象，有開創之功的《嘗試集》必定優先進入新一代讀書人的視野。與之相關的文學史著述，在為「新文學」追根溯源時，也都不可能遺漏胡適的貢獻。「中國新文學」課程及著述，作為一種知識傳授，首先強調作品的「歷史意義」，其次才是已經變化了的「審美標準」。讀者不再單獨面對具體詩作，而是更多地從整體上思考新文學的歷史發展軌跡，這使得本已「退居二線」的《嘗試集》重新煥發了「青春」。

對早期白話詩評價不太高的朱自清❹，編選《中國新文學大系‧詩集》時，似乎故意冷落開創者胡適——僅入選9首，與聞一多的29首、徐志摩的26首、郭沫若的25首，實在不成比例。以篇數計，排在胡適前面的，依次還有李金髮、冰心、俞平伯、劉大白、汪靜之、康白情、朱自清、何植三、馮至、潘漠華、朱湘、徐玉諾、蓬子等。可講授「中國新文學研究」課程時，卻不能不在「初期的詩論」以及「初期的創作」兩節中，將胡適排在第一位❹。與此相類似，王哲甫所撰《中國新文學運動史》，認定胡適「在新詩的創作上並不算是成功」，可還是承認「他在新詩壇上實地試驗，為提倡新詩的急先鋒，其功績不可謂不大」❹。而表揚「胡適之體」的陳子展，在《最近三十年中國文學史》中，也給予胡詩恰當的評價：「其實《嘗試集》的真價值，不在建立新詩的軌範，不在與人以陶醉於其欣賞裏的快感，而在與人以放膽創造的勇氣。」❹

應該說，到了抗戰前夕，對於詩人胡適的歷史定位，學界的意見已漸趨一致。如果不是五十年代急風驟雨的批胡運動，此故事本該告一段落。可說來有趣，正是這風雲突變，以及隨之而來的長達二十多年的「冷凍」，使《嘗試集》賺夠了大批正直學者的同情，以至在七

十年代末「重現江湖」時，當即獲得不少不虞之譽。甚至可以說，當二十世紀末中國學者投票選舉「百年百種優秀中國文學圖書」時，《嘗試集》之所以能夠順利入圍，與這被打入冷宮二十多年的「苦難的歷程」不無關係。

1949年後，為統一思想、規範課程而設計的《中國新文學史》教學大綱，其第一講第一章第二節「文學革命的理論及其鬥爭」，本該是胡適最有可能露臉的地方，可開篇竟是「胡適主張的批判」[145]，這幾乎預示著此後三十年胡適在大陸學界的命運。1951年出版的王瑤所撰《中國新文學史稿》，雖也批評胡適在五四時期「形式主義的態度」，但畢竟在第二章「覺醒了的歌唱」中開篇明義：「胡適的《嘗試集》出版在1920年，是中國的第一部新詩集。」隨著政治局勢日益緊張，胡適在新文學史上的地位也岌岌可危，越來越趨向於扮演反面角色。1955年，作家出版社刊行丁易著《中國現代文學史略》，因作者去世，沒來得及修改，還在欣賞胡適的〈人力車夫〉「表示對勞動者的同情」[146]。緊接其後出版的張畢來著《新文學史綱》和劉綬松著《中國新文學史初稿》，都稱《嘗試集》「不但思想感情不是新的，連表現方法也幾乎完全沒有新的因素」；至於胡適參加新文化運動，那是因「作為美帝國主義的代言人，企圖投機取巧，以達到其個人野心和反動的政治目的」[147]。有趣的是，在1955年那場席捲全國的「胡適思想批判」運動中，《嘗試集》領受的炮彈其實是最少的[148]，專門的批判文章只有林彥刊於《西南文藝》1955年2月號的〈胡適的《嘗試集》批判〉。這場批判運動，主要針對的是胡適的「反動政治思想」，而不是什麼詩才之高低，故林文也努力在胡詩如何「直接為資產階級、為帝國主義服務」上做文章。如此偏頗的視角，給日後的平反留下很大的空間——只要政治形勢變遷，《嘗試集》就可以毫不費力地重返文學史。

　　接下來的故事很具戲劇性，中國共產黨十一屆三中全會確定改革開放路線後，「忽如一夜春風來」，正面評價胡適的論文大量出現在大陸報刊上——此前二十多年，只有臺灣、香港和日本有過若干像樣的研究論著。而最早集中出現「平反」聲音的，莫過於《嘗試集》研究。單是1979年，就先後有藍棣之、秦家琪、文振庭、龔濟民、周曉明、朱德發、亦堅等分別撰文「重新評價」《嘗試集》⑭，這還不包括若干討論五四文學革命或新文化運動中的胡適的文章。最後提及的亦堅之作，題為〈從魯迅為胡適刪詩說起〉，是一則不到五百字的短文，但很值得玩味。該文借用胡適〈《嘗試集》四版自序〉的敘述，指出，「單是五四時期魯迅為胡適刪詩一事」，就足以說明魯迅與胡適的關係非同一般。以魯迅的崇高地位，來為胡適的重新出場提供合法性，實在是妙不可言。另外幾篇論文，也都在論述中提及此充滿玄機的軼事。

　　此後二十年，隨著中國現代文學史的講授與著述日趨成熟，作為新詩開創者之一，胡適的貢獻得到了充分肯定⑮，《嘗試集》也就成了每個受過高等教育的人所必須知道的「文學常識」。只要白話詩的路子不被完全否定，這所謂的「新詩的老祖宗」就不可能被一筆抹殺。許多比胡適更有天賦的詩人，比如朱湘，也不可能取而代之。在這個意義上，《嘗試集》確實成了「經典之作」。

　　詩人兼批評家艾略特（T. S. Eliot）在〈什麼是經典作品〉中，曾區分絕對的與相對的兩種不同的經典作品，主要著眼點在作品的魅力與生存時空。「其一是普遍的經典作品」，不受時間與地域的限制，永久地為全人類所欣賞；「其二是那些相對於本國語言中其他文學而言的經典作品，或者是按照某一特定時期的人生觀而言的經典作品」。除了個人才華，「普遍的經典作品」之得以產生，還有賴於某一文明、語言、文學乃至心智與習俗的「成熟」⑮。在這一論述框架

中，經典的產生明顯受制於政治生態及文化霸權。比如，在歐美文化佔據主導地位的十九、二十世紀，中國作家的想像與表述，便因與之密不可分的文明、語言、心智、習俗的「不成熟」，而在很多論者看來不可能具有「普遍性」。美國學者布魯姆（H. Bloom）所設想的走向經典之路——與政治利益無涉，乃純粹的美學競爭⓲，起碼在東西文化、南北經濟尚存在巨大落差的今日，是不太現實的。

即便將論題局限在同一文化傳統，經典的推舉，也不可能完全擺脫政治權力的滲透與時代思潮的激盪。尤其是當世人談論「經典」時，實際上是將「閱讀趣味」與「文化記憶」混合起來。許多耳熟能詳的作家與作品，並沒有真正進入當代人的閱讀視野；而不少當代讀者欣賞的作品，又未能登大雅之堂。這種「歷史的」與「審美的」視角之相對分離，在某種意義上說是合理的，因其所設想的目標並不相同。必須經由很長時間的對話與磨合，兩條視線才有可能基本重疊—到那時候，專家與公眾的趣味依然有異，那是另一個問題。在此之前，作品距離我們太近，其流風餘韻依舊影響著今日的文學創作，論者在為某一文學現象、流派、風格、文體追根溯源時，很容易將其做為「鼻祖」或「禍首」來褒貶抑揚。再加上文學史家的推波助瀾，我們所面對的，其實並非素面的、而是經由多重化裝，因而有著巨大的光環或陰影的作品。

正如本文所著力闡發的，《嘗試集》之所以成為現代中國文學史上聲名顯赫的「經典之作」，主要不係於胡適本人的才情，很大程度是「革新與守舊」、「文言與白話」、「詩歌與社會」等衝突與對話的產物。在史家眼中，與文學生產同樣重要的，是文學接受的歷史。而制約著公眾趣味與作品前程的，包括若干強有力者的獨立判斷與積極引導（比如周氏兄弟之應邀刪詩），以及作為知識傳播的大學體制（比如「中國新文學」課程的開設）⓳。至於因意識形態紛爭而導致

某部作品「突然死亡」或「迅速解凍」，使得二十世紀中國的文學接受史顯得撲朔迷離，因而也更具戲劇性，更值得追蹤與玩味。

除此之外，還有一點同樣值得我們深思：在經典形成的過程中，作者並非毫無可為。像胡適那樣借助於自我完善（不斷修訂自家作品）、自我闡釋（撰寫《嘗試集》三序）以及自我定位（關於「胡適之體」的論述），有效地影響讀者的閱讀與史家的評價，這在文學史上既非前無古人，也不是後無來者。因此，在討論文學生產、文學接受以及文本闡釋時，我們會驚訝地發現，已被「殺死」了好多次的「作者」依舊頑強地活著，並迫使史家無法完全漠視其存在。

2000年10月初至2001年1月底，撰於北京—海德堡—東京

注釋

❶ 參見《文藝報》1997年9月27日第二版〈經典，失去共識——關於兩部「百年經典」的討論〉所收閻晶明、李杜、韓石山三文。

❷ 參見《中華讀書報》1999年8月18日第一版〈文學殿堂開擺世紀勝宴：「百年百種優秀中國文學圖書」評選揭曉〉。

❸ 謝冕、錢理群編《百年中國文學經典》（北京大學出版社，1996），1927年前部分有作品入選的新詩人包括郭沫若、聞一多、徐志摩、朱湘、馮至等五位。

❹ 胡適：〈《嘗試集》四版自序〉，《嘗試集》，上海：亞東圖書館，1922年10月增訂四版。

❺《周作人回憶錄》（長沙：湖南人民出版社，1982）135節「在病院中」提及，1920年12月22日赴北大參加歌謠研究會，五時散會，感覺疲倦，兩天後發燒，被診斷為肋膜炎，在家養病期間寫過半篇論文，還有新詩〈過去的生命〉。回憶如此詳盡，因有日記可供查考。查已出版的《周作人日記》（鄭州：大象出版社，1996），1921年1月「六日，晴，山本來診」後有言：「以下因病未記，凡五個月，今撮要記之如左。」至6月前僅寥寥四則，自不會涉及為胡適刪詩一類瑣事。

❻《魯迅日記》1921年1月3日：「午後得胡適之信，即覆。」見《魯迅全集》第十四卷407頁，北京：人民文學出版社，1981年。

❼ 胡適：〈《嘗試集》自序〉，《嘗試集》，上海：亞東圖書館，1920年3月。

❽ 胡適：〈《嘗試集》再版自序〉，《嘗試集》，上海：亞東圖書館，1920年9月。

❾ 胡適：〈《嘗試集》四版自序〉。

❿ 參見《嘗試集》初版、再版和四版的自序，以及〈談談「胡適之

「體」的詩〉(《自由評論》12期,1936年2月)。

⑪ 參見許德鄰編《分類白話詩選》(崇文書局,1920年8月)所收劉半農序言。

⑫ 北社同人:〈新詩年選‧弁言〉,《新詩年選》,上海:亞東圖書館,1922年。

⑬ 參見2000年10期《魯迅研究月刊》所刊魯迅、周作人致胡適信手跡以及拙文〈魯迅為胡適刪詩信件的發現〉一文。

⑭ 主動來信的康白情,雖不在「應邀」之列,其意見也受到胡適的充分重視,故一併論述。

⑮ 胡適:〈我為什麼要做白話詩──《嘗試集》自序〉,《新青年》6卷5號,1919年10月。

⑯ 此文初刊《東方雜誌》第31卷1期(1934年1月),後收入《中國新文學大系‧建設理論集》(上海:良友圖書公司,1935),廣為流傳,對新文學史的編纂影響極大。

⑰ 參見唐德剛譯《胡適口述自傳》第七章〈文學革命的結胎時期〉,北京:華文出版社,1992年。

⑱ 胡適:〈《嘗試集》自序〉。

⑲ 〈任鴻雋致胡適〉,《胡適來往書信選》上冊74—75頁,北京:中華書局,1979年。

⑳ 〈任鴻雋致胡適〉,《胡適來往書信選》上冊14頁。

㉑ 〈任鴻雋致胡適〉,《胡適來往書信選》上冊16頁。

㉒ 參見〈陳衡哲致胡適〉及〈任鴻雋致胡適〉,《胡適來往書信選》上冊253頁、273頁、399頁。

㉓ 唐德剛關於胡適〈亡女〉一詩以及夏志清關於陳衡哲小說《洛綺思的問題》的解讀,均很有說服力。胡、陳二君,雖係「才子佳人,一拍皆合」,但借用唐德剛略帶調侃的說法:「不幸他二人也

因八字不合,而溝水東西!」參見唐德剛《胡適雜憶》(臺北:傳記文學出版社,1980)第195—198頁,以及夏志清為該書所撰的序。

㉔ 劉半農編《初期白話詩稿》(北平:星雲堂影印,1932)中收錄陳衡哲〈「人家說我發了癡」〉一詩的鋼筆手稿,其中有若干毛筆添加的引號、問號等,而且將「他們便令我將他看護」改為「他們便叫我作他的看護婦」。單是添加的標點符號,無法判斷何人所為;有了那幾個漢字,不難斷言出自胡適手筆。

㉕ 胡適:〈《小雨點》序〉,《胡適文存三集》第1096—1097頁,上海:亞東圖書館,1930年。

㉖ 參見唐德剛《胡適雜憶》第196頁。

㉗ 參見《胡適文存三集》第1093—1097頁和《胡適來往書信選》上冊153頁、156頁、166頁、193頁。

㉘ 參見〈陳衡哲致胡適〉,《胡適來往書信選》上冊166頁。胡適對於陳衡哲的學識與才情,似乎估計過高,因而也就期待太殷,對其因懷孕不能上課大發感慨,並追憶當初任、陳結婚時自己的賀聯「無後為大,著書最佳」。最後的結論是:「但此事自是天然的一種缺陷,愧悔是無益的。」參見《胡適的日記》上冊211頁,北京:中華書局,1985年。

㉙ 周作人:〈談新詩〉,《談虎集》,上海:北新書局,1928年。

㉚ 胡適:〈《嘗試集》四版自序〉。

㉛ 《胡適的日記》上冊180頁。

㉜ 唐德剛《胡適雜憶》第81頁稱:「胡先生也常向我說:『郭沫若早期的新詩很不錯!』他並且告訴我一個故事:有一次在一個宴會上他稱讚了郭沫若幾句。郭氏在另外一桌上聽到了,特地走了過來在胡氏臉上kiss了一下以表謝意。」此事胡適1923年10月13日的

日記（見《胡適的日記》（手稿本）第四冊，臺北：遠流出版公司，1990）有記載：「是夜沫若，志摩，田漢都醉了。我說起我從前要評《女神》，曾取《女神》讀了五日。沫若大喜，竟抱住我，和我接吻。」胡頌平編《胡適之先生晚年談話錄》（北京：中國友誼出版公司，1993）第72頁關於此事的敘述多有失誤，除事隔多年，更因其過於強調「郭沫若這個人反覆善變，我是一向不佩服的」。

㉝《胡適的日記》上冊282頁。

㉞〈評新詩集・康白情的《草兒》〉，《胡適文存二集》卷四第274、277頁，上海：亞東圖書館，1924年。

㉟康白情：〈《草兒》自序〉，《草兒》，上海：亞東圖書館，1923年3月。

㊱康白情：〈新詩底我見〉，《中國新文學大系・建設理論集》第329頁。

㊲郭沫若：〈論詩通信〉，《中國新文學大系・建設理論集》第348頁。

㊳朱湘：〈新詩評（一）・《嘗試集》〉，1926年4月1日《晨報副刊》。

㊴周策縱：〈論胡適的詩〉，見唐德剛著《胡適雜憶》附錄，第232頁、235頁。

㊵《胡適的日記》上冊287頁。

㊶朱自清：〈《冬夜》序〉，《冬夜》，上海：亞東圖書館，1922年3月。

㊷〈評新詩集・俞平伯的《冬夜》〉，《胡適文存二集》卷四第282—283頁。

㊸參見俞平伯〈詩底進化的還原論〉（《詩》1卷1期，1922年1月）、〈《冬夜》自序〉和胡適的〈評新詩集・俞平伯的《冬夜》〉。

㊹ 上海亞東圖書館1922年8月《新詩年選》中愚庵關於俞平伯語，據胡適和朱自清推斷，應屬康白情的手筆，參見胡適《評新詩集》和朱自清《中國新文學大系‧詩集‧詩話》（上海：良友圖書公司，1935）。

㊺ 俞平伯：〈《冬夜》自序〉，《冬夜》，上海：亞東圖書館，1922年3月。

㊻ 參見俞平伯的〈《草兒》序〉和〈致汪君原放書（代序）〉（《冬夜》，上海：亞東圖書館，1923年5月再版本）。

㊼ 俞平伯：〈致汪君原放書（代序）〉。

㊽ 俞平伯：〈《草兒》序〉，《草兒》，上海：亞東圖書館，1923年3月。

㊾ 朱自清：〈《冬夜》序〉，《冬夜》。

㊿ 聞一多：〈《冬夜》評論〉，見《俞平伯研究資料》（天津人民出版社，1986）213—249頁。聞一多還將胡適與俞平伯關於新詩音節的見解相對比，批評胡適自序再版《嘗試集》時自鳴得意的純粹的「自由詩」音節，稱「所謂『自然音節』最多不過是散文的音節。散文的音節當然沒有詩的音節那樣完美。俞君能熔鑄詞曲的音節於其詩中，這是一件極合藝術原則的事，也是一件極自然的事，用的是中國的文字，作的是詩，並且存心要作好詩，聲調鏗鏘的詩，怎能不收那樣的成效呢？我們若根本地不承認帶詞曲氣味的音節為美，我們只有兩條路可走，甘心作壞詩—沒有音節的詩，或用別國的文字作詩。」

51 俞平伯：〈做詩的一點經驗〉，《新青年》8卷4期，1920年12月。

52 俞平伯：〈社會上對於新詩的各種心理觀〉，《新潮》2卷1期，1919年10月。

53 俞平伯：〈白話詩的三大條件〉，《新青年》6卷3期，1919年3月。

(54)〈評新詩集・俞平伯的《冬夜》〉，《胡適文存二集》卷四第288頁。

(55) 胡適：〈談新詩〉，《胡適文存》卷一第254頁，上海：亞東圖書館，1921年。

(56) 參見拙文〈魯迅為胡適刪詩信件的發現〉，《魯迅研究月刊》2000年10期。

(57) 胡適：〈《嘗試集》四版自序〉

(58) 胡適：〈談新詩〉，《胡適文存》卷一第236頁。。

(59)〈胡適致周作人〉，《胡適來往書信選》上冊124頁。

(60) 胡適：〈《嘗試集》四版自序〉。

(61)〈周作人致胡適〉，《胡適來往書信選》上冊539頁。

(62)〈胡適致周作人〉，《胡適來往書信選》上冊542頁。

(63) 參見羅爾綱《師門五年記・胡適瑣記》（增補本）第144頁，北京：三聯書店，1998年。

(64) 魯迅博物館和魯迅研究室合編的《魯迅年譜》增訂本（北京：人民文學出版社，2000）第三冊是這樣敘述魯迅的北上的：「左翼文化人士和青年學生大受鼓舞，而反動派則如臨大敵，買辦文人借機攻擊魯迅『捲土重來了』」（351頁）。「在同來訪者談話中，魯迅幽默地說：『我這次一來，便有很多的人放冷箭，說我是來搶他們的飯碗，說我是捲土重來。何苦叫這些人不放心，倒不如趕快捲土重去。』這是對胡適等人的順便一刺。」（355頁）

(65) 參見蘇雪林致胡適、致蔡元培信，載《胡適來往書信選》中冊325—334頁。

(66)《胡適來往書信選》中冊339頁。

(67) 千家駒〈海納百川，有容乃大〉（見羅爾綱《師門五年記・胡適瑣記》（增補本）的附錄）中有這麼一句話：「在當代學人中，我最佩服的兩位——一位是魯迅，一位是胡適。他們兩人性格剛好相

反，魯迅的偏狹，胡適的豁達，適成鮮明的對照。」這裏所說的魯迅性格「偏狹」，並不是譏諷之語，因是指向「觀察問題之深刻」與「文筆之犀利」。

⑱《周作人回憶錄》471—473頁。

⑲〈胡適致楊聯陞〉，《論學談詩二十年》第289頁，臺北：聯經出版公司，1998年。

⑳ 胡適：〈談新詩〉，《胡適文存》卷一第228頁，上海：亞東圖書館，1921年。

㉑ 胡適：〈談新詩〉，《胡適文存》卷一第235頁。

㉒ 魯迅在〈《集外集》序言〉中稱：「只因為那時詩壇寂寞，所以打打邊鼓，湊些熱鬧；待到稱為詩人的一出現，就洗手不作了。」（《魯迅全集》第七卷4頁）1926年周作人撰〈《揚鞭集》序〉，也有類似的說法：「我對於中國新詩曾搖旗吶喊過，不過自己一無成就，近年早已歇業，不再動筆了。」

㉓《胡適的日記》上冊276頁。

㉔《胡適的日記》下冊424頁。

㉕〈周歲〉共三節，請看最後一節：「我再賀你一杯酒，／祝你奮鬥到底；／你要不能戰勝病魔，／病魔會戰勝了你！」

㉖ 吟過〈周歲〉的第二年，胡適真的為陳仲驤父親七十大壽撰一〈壽詩〉，只是沒入集而已（見耿雲志主編《胡適遺稿及秘藏書信》第11冊，合肥：黃山書社，1994）。假如不是魯迅的提醒，以胡適喜交遊的性格，真不知日後詩集中該有多少此類純粹應酬之作。

㉗ 胡適：〈《嘗試集》再版自序〉。

㉘〈《去國集》自序〉，《嘗試集》第125頁，上海：亞東圖書館，1922年10月增訂四版。

㉙ 周作人：〈《舊夢》序〉，《舊夢》，上海：商務印書館，1923年。

⑧ 胡適：〈《嘗試集》再版自序〉。

⑧ 這一表述風格，很像章太炎〈與人論文書〉中的「並世所見，王闓運能盡雅，其次吳汝綸以下，有桐城馬其昶為能盡俗。」（見《章太炎全集》第四卷168頁，上海人民出版社，1985）

⑧ 周作人：〈《揚鞭集》序〉，《揚鞭集》，北新書局，1926年。

⑧ 參見胡適〈逼上梁山〉和《胡適口述自傳》第七章。

⑧ 〈無聲的中國〉，《魯迅全集》第四卷13—14頁。

⑧ 周作人〈錢玄同的復古與反復古〉（《文史資料選輯》第94輯，北京：文史資料出版社，1984）提及「玄同所主張常涉兩極端」，而且這種思想「偏激」，「是他自己所承認的」。據黎錦熙先生在《錢玄同先生傳》（載曹述敬《錢玄同年譜》147—202頁，濟南：齊魯書社，1986）中追憶，「從前魯迅批評他：十分話最多只須說到八分，而玄同則必須說到十二分。」（見曹書173頁）

⑧ 參見1917年11月20日的〈答錢玄同書〉（見《胡適文存》卷一）以及1928年6月的〈《白話文學史》自序〉（見《白話文學史》，上海：新月書店，1928）。

⑧ 〈答錢玄同書〉，《胡適文存》卷一第54—55頁。

⑧ 錢玄同：〈《嘗試集》序〉，見初版本《嘗試集》。

⑧ 胡適：〈《嘗試集》自序〉。

⑨ 胡適：〈談新詩〉，《胡適文存》卷一第238頁。

⑨ 參見〈評新詩集〉和〈《蕙的風》序〉，《胡適文存二集》卷四第269—288頁，295—308頁。

⑨ 胡適：〈《蕙的風》序〉，《胡適文存二集》卷四第295—308頁。

⑨ 《胡適留學日記》第四冊996頁，上海：商務印書館，1947年。

⑨ 張朋園〈胡適與梁啟超——兩代知識份子的親和與排拒〉（見李又寧主編、紐約天外出版社1990年12月印行的《胡適與他的朋友》第

一集）著重討論梁、胡政治上的接觸、學術上的見解、彼此的友誼三方面，其中涉及關於白話詩的爭論，可參考。

⑨⑤ 梁啟超致胡適信，見丁文江、趙豐田編《梁啟超年譜長編》（上海人民出版社，1983）第922頁。

⑨⑥〈胡適致陳獨秀〉，《胡適來往書信選》上冊119—120頁。

⑨⑦ 參見1929年1月20日胡適參加梁啟超大殮歸來所寫的日記，《胡適的日記》（手稿本）第八卷。

⑨⑧《張元濟日記》下冊771頁，北京：商務印書館，1981年。

⑨⑨ 參見夏曉虹《詩騷傳統與文學改良》第293頁，杭州：浙江文藝出版社，1998年。

⑩⑩〈晚清兩大家詩鈔題辭〉，《飲冰室合集·文集》之四十三，上海：中華書局，1936年。

⑩① 參見梁啟超致林志鈞及梁啟勳書，見丁文江、趙豐田編《梁啟超年譜長編》第1042—1043頁。

⑩② 參見《梁啟超年譜長編》第1038—1041頁。

⑩③ 丁文江、趙豐田編：《梁啟超年譜長編》第1044—1045頁。其中若干錯漏，據臺北世界書局1959年版《梁任公先生年譜長編》校改。又，1961年9月20日胡適與秘書談話時，特別提到梁啟超「他給我的信很多，有封很長的談詞的信」，指的應該就是這一則（見《胡適之先生晚年談話錄》第220頁）。

⑩④ 據曹聚仁《關於章太炎先生的回憶》（見《文思》，北新書局，1937），章太炎認為：「凡稱之為詩，都要有韻，有韻方能傳達情感；現在白話詩不用韻，即使也有美感，只應歸入散文，不必算詩。」魯迅則在〈致竇隱夫〉（《魯迅全集》第十二卷556頁）中稱：「我以為內容且不說，新詩先要有節調，押大致相近的韻，給大家容易記，又順口，唱得出來。」

⑩⑤ 〈新詩雜話・詩韻〉，《朱自清全集》第二卷402頁，南京：江蘇教育出版社，1988年。

⑩⑥ 初刊《現代評論》2卷46期（1925年10月）的〈八月四夜〉全詩如下：

　　　我指望一夜的大雨
　　　　把天上的星和月都遮了；
　　　我指望今夜喝得爛醉，
　　　　把記憶和相思都滅了。

　　　人都靜了，
　　　夜已深了，
　　　雲也散乾淨了，──
　　　仍舊是淒清的明月照我歸去，──
　　　而我的酒又早已全醒了。
　　　　　酒已都醒，
　　　　　　如何消夜永？

⑩⑦ 在1917年11月20日的〈答錢玄同書〉中，胡適為反駁對手的批評，曾大為擴展「白話」的含義。

⑩⑧ 參見《國語文學史》，《胡適文集》（北京大學出版社，1998）第八冊92─115頁。

⑩⑨ 1958年臺北讀者書店重印此書時，改題《白話詞選》。改題不見得是胡適本人的主意，但起碼胡適的論述，容易給人這種印象。

⑩⑩ 〈《詞選》自序〉，《胡適文存三集》卷八第997─1005頁。

⑪⑪ 參見胡適編選《詞選》中論辛棄疾則，上海：商務印書館，1927

年。

⑫〈讀〈雙辛夷樓詞〉致李拔可〉，《東方雜誌》25卷6號，1928年3月。

⑬ 陳子展：〈略論「胡適之體」〉，1935年12月6日《申報・文藝週刊》第6期。

⑭〈談談「胡適之體」的詩〉，《自由評論》12期，1936年2月。

⑮ 胡適晚年的詩友周策縱在〈論胡適的詩〉（見《胡適雜憶》附錄）中稱胡適欣賞元、白與袁枚，喜歡看小說，「他早期新詩的試作，往往脫不了淺顯絕句、歌行、小令、蘇、辛所喜用的中調，以至打油詩等的氣氛，不為無故也。」「我以為胡適的詩較好的一面是文字流利，清淺而時露智慧。最好的幾首往往有逸趣或韻致。……梁啟超說他特別喜歡的還是胡的小詞，可說很有道理。」

⑯ 陳西瀅：《西瀅閒話》第335頁，上海：新月書店，1931年3版。

⑰ 錢玄同：〈《嘗試集》序〉。

⑱ 胡懷琛：〈胡適之派新詩根本的缺點〉，1921年1月11日《時事新報・學燈》。

⑲ 朱執信：〈詩的音節〉，《星期評論》第51號，1920年5月23日。

⑳ 胡先驌：〈評《嘗試集》〉，《學衡》第1、2期，1922年1、2月。

㉑ 式芬：〈《評嘗試集》匡謬〉，1922年2月4日《晨報副鐫》。

㉒ 胡適：〈致張東蓀〉，1920年5月12日上海《時事新報・學燈》。

㉓ 胡適：〈答胡懷琛〉，1920年9月12日上海《時事新報・學燈》。

㉔ 胡適：《五十年來中國之文學》，《胡適文存二集》卷二第211頁。

㉕ 周靈均：〈刪詩〉，《文學週刊》17號，1923年12月。

㉖〈「說不出」〉，《魯迅全集》第七卷39頁。

㉗ 成仿吾：〈詩之防禦戰〉，《創造週報》第1號，1923年5月。

㉘ 參見朱湘《中書集》第328頁、376頁、379頁、382頁、397頁，上

海：生活書店，1934年。

⑫⑨ 朱湘：〈新詩評（一）‧《嘗試集》〉，1926年4月1日《晨報副刊》。

⑬⓪ 參見《朱自清全集》第八卷88頁，南京：江蘇教育出版社，1993年。

⑬① 參見草川未雨《中國新詩壇的昨日今日和明日》第51頁，北平：海音書局，1929年。

⑬② 劉半農：〈《初期白話詩稿》序目〉，《初期白話詩稿》，北平：星雲堂書店影印，1933年。

⑬③ 陳子展：〈略論「胡適之體」〉，1935年12月6日《申報‧文藝週刊》第6期。

⑬④ 子模：〈新詩的出路與「胡適之體」〉，1936年1月17日《申報‧文藝週刊》第11期。

⑬⑤ 陳子展的〈略論「胡適之體」〉是這樣結尾的：「胡先生呵！你不要說『提倡有心，創造無力』。我很希望你仍舊拿出先驅者的精神，在新詩上創造一種『胡適之體』」。

⑬⑥ 〈跋〈老樹行〉〉〉，見增訂四版《嘗試集》第171頁。

⑬⑦ 胡適：〈《胡思永的遺詩》序〉，《胡思永的遺詩》，上海：亞東圖書館，1924年。

⑬⑧ 梁文著重強調：「近年來新詩有很大一部分日趨於晦澀」，原因是「模仿一部分墮落的外國文學，尤其是模仿所謂『象徵主義』的詩」。見〈我也談談「胡適之體」的詩〉，《自由評論》12期，1936年2月。

⑬⑨ 胡適：〈談談「胡適之體」的詩〉，《自由評論》第12期，1936年2月。

⑭⓪ 參見拙文〈新教育與新文學〉，《北大精神及其它》246—277頁，上海文藝出版社，2000年。

⑭ 在《選詩雜記》（見《中國新文學大系‧詩集》）中，朱自清稱：
「我們現在編選第一期的詩，大半由於歷史的興趣：我們要看看我
們啟蒙期詩人努力的痕跡。他們怎樣從舊鐐銬裏解放出來，怎樣
學習新語言，怎樣尋找新世界。」「只是『歷史的興趣』而已，說
不上什麼榜樣了。」

⑭ 參見《朱自清全集》第八卷85—88頁，南京：江蘇教育出版社，
1993年。

⑭ 王哲甫：《中國新文學運動史》第100頁，北平：傑成印書局，
1933年。

⑭ 陳子展：《最近三十年中國文學史》第227頁，太平洋書店，1937
年。

⑭ 老舍、蔡儀、王瑤、李何林：〈《中國新文學史》教學大綱〉，
《新建設》4卷4期，1951年7月。

⑭ 見該書第249頁。順便說一句，胡適發表在《新青年》4卷1號上的
這首〈人力車夫〉，因朱自清在〈《中國新文學大系‧詩集》導言〉
中給予表彰，而後又被各種現代文學史所引錄，影響極大；其
實，這並非胡適的「代表作」，刊行增訂四版《嘗試集》時，胡適
已將此詩刪去，魯迅等人也未表示異議。

⑭ 參見張畢來《新文學史綱》第一卷86頁（北京：作家出版社，1955）
和劉綬松《中國新文學史初稿》上卷41頁（北京：作家出版社，
1956）。

⑭ 參見北京三聯書店1955—1956年刊行的八輯《胡適思想批判》。

⑭ 參見刊於《四川師院學報》1979年2期的〈中國新詩的開步——重
評胡適的《嘗試集》和他的詩論〉（藍棣之）、《南京師院學報》
1979年3期的〈重評胡適的《嘗試集》〉（秦家琪）、《江漢論壇》
1979年3期的〈胡適《嘗試集》重議〉（文振庭）、《遼寧大學學報》

1979年3期的〈評胡適的《嘗試集》〉（龔濟民）、《破與立》1979年
5期的〈重新評價胡適的《嘗試集》〉（周曉明）、《山東師院學報》
1979年5期的〈論胡適早期的白話詩主張與寫作〉（朱德發）和《上
海師大學報》1979年2期的〈從魯迅為胡適刪詩說起〉（亦堅）。

150 進入九十年代，胡適作品大量刊行，最有影響的當屬（北京）中
華書局陸續推出的《胡適學術文集》、黃山書社（合肥）1994年版
《胡適遺稿及秘藏書信》（42冊）、北京大學出版社1996年版《胡適
書信集》（3冊）、北京大學出版社1998年版《胡適文集》（12冊）、
（北京）光明日報出版社1998年版《胡適精品集》（16冊）、（北京）
人民文學出版社1998年版《胡適文集》（7冊）和（合肥）安徽教育
出版社1999年版《胡適著譯精品選》（19冊）。

151 參見艾略特〈什麼是經典作品〉，王恩衷編譯《艾略特詩學文集》
第188—205頁，北京：國際文化出版公司，1989年。

152 參閱Harold Bloom , *The Western Canon* (New York : Harcourt Brace &
Company , 1993)第15—41頁。

153 參見John Guillory , "Canon", *Critical Terms for Literary Study*
(Edited by Frank Lentricchia and Thomas Mclaughlin , Chicago: The
University of Chicago Press , 1995)第233—249頁，中譯本見《文學批
評術語》（張京媛等譯，香港：牛津大學出版社，1994）第319—
340頁。

二魚文化 人文工程 E008

觸摸歷史與進入五四

作　　者──陳平原
發 行 人──謝秀麗
執行編輯──巫維珍
行　　銷──鄭雅文
美術設計──黃瑜
題字篆印──李蕭錕
出 版 者──二魚文化事業有限公司
　　　　　網址　www.2-fishes.com
　　　　　地址　100台北市羅斯福路二段70號9樓之2
　　　　　電話　（02）23979694
　　　　　傳真　（02）23979719
　　　　　劃撥帳號　19625599
　　　　　劃撥帳戶　二魚文化事業有限公司
總 經 銷──大和書報圖書股份有限公司
　　　　　電話　（02）29818089
製版印刷──李白彩色製版印刷股份有限公司
　　　　　電話　（02）22256915
初版一刷──2003年3月
定　　價──新台幣二二○元

國家圖書館出版品預行編目資料

觸摸歷史與進入五四：一場遊行. 一份雜誌. 一
本詩集／陳平原 著. – 初版. – 臺北市：
二魚文化, 2003〔民92〕
　面；　公分. –（人文工程 ；E008）
ISBN 957-28446-3-6（平裝）
1. 五四運動
628.263　　　　　　　　　　　　92001741

打造文學能力・培養閱讀品味
動員最大編輯人力，製作最嚴謹的臺灣現代文學選集

《臺灣現代文學教程》
小說讀本　定價：320元
主　　編：梅家玲、郝譽翔
編輯委員：江寶釵、呂正惠、李瑞騰、吳達芸、施淑、
　　　　　陳翠英、張素貞、黃錦珠

《臺灣現代文學教程》
散文讀本　定價：320元
主　　編：周芬伶、鍾怡雯
編輯委員：王小琳、何寄澎、周志文、陳萬益、
　　　　　張春榮、廖玉蕙、鍾宗憲、蕭義玲

《臺灣現代文學教程》
新詩讀本　定價：380元
主　　編：蕭蕭、白靈
編輯委員：林于弘、洪淑苓、陳黎、陳義芝、渡也、
　　　　　楊雅惠、廖咸浩、鄭慧如

《臺灣現代文學教程》
報導文學讀本　定價：360元
主　　編：向陽、須文蔚
編輯委員：林元輝、范宜如、陳信元、焦桐、楊馥菱、
　　　　　蒯亮、鄭明娳、鄭瑞城

《臺灣現代文學教程》
當代文學讀本　定價：320元
主　　編：唐捐、陳大為
編輯委員：孫嬿美、陳燕、陳器文、許俊雅、張瀛太、
　　　　　趙衛民、賴芳伶、龔顯宗

讓我們的相遇就從一本書開始

文學花園C001

巴伐利亞的藍光

一個台灣女子的德國日記
作者：陳玉慧
定價：280元

文學花園C002

廁所曼陀羅

作者：莊伯和
定價：220元

文學花園C003

汝色

作者：周芬伶
定價：200元

文學花園C004

藤蘿花餅

作者：劉心武
定價：250元

文學花園C005

徵婚啟事

作者：陳玉慧
定價：150元

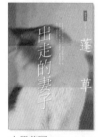

文學花園C006

出走的妻子

作者：蓬 草
定價：220元

文學花園C007

五十歲的公主

作者：廖玉蕙
定價：220元

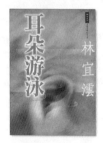

文學花園C008

耳朵游泳

作者：林宜澐
定價：200元

文學花園C009

刑台與手風琴

作者：雷 驤
定價：190元

二魚文化事業有限公司

讀者服務專線：（02）23979694

★首先謝謝您購買我們的書，希望您看了很滿意。
★請撥冗為我們填寫並寄回本服務卡（免貼郵票），您將不定期收到我們的各項書訊。

姓名：

地址：

電話：

傳真：

電子郵件信箱：

出生日期：西元　　　年　　　月　　　日

性別：□男□女

身分證字號：

婚姻狀況：□已婚　□未婚　□單身

教育程度：□高中以下（含高）　□大專　□研究所

職業：□學生　□軍警　□公教　□自由業　□大眾傳播　□金融業
　　　□保險業　□銷售業　□資訊業　□服務業　□製造業　□其它

您從哪裡得知本書訊息：
□逛書店　□雜誌　□廣播節目　□電視節目　□親友介紹　□廣告信函
□網路　　□其它

您通常以何種方式購書？
□劃撥郵購　□透過網路　□逛書店　□電話訂購　□團體訂購　□其它

您對本書或本公司有何建議：

100台北市羅斯福路二段70號9樓之2

二魚文化事業有限公司 收

地址：

電話：

人文工程　E008
觸摸歷史與進入五四